最闪亮的名片

吉林省优秀第一书记风采录

中共吉林省委组织部
吉林省地方志编纂委员会 编

编委会

主　编

王晓萍

副主编

武胜国　李云鹤

编　委

辛　峰　马潘峰　徐　辞　于鲛洋　李　刚　张　昊

序　言

到2020年实现农村贫困人口全部脱贫，全面建成小康社会，是我们党对人民作出的庄严承诺，是以习近平同志为核心的党中央作出的重大决策部署。2016年以来，吉林省委组织部认真贯彻落实党中央和省委的部署要求，立足抓党建促脱贫攻坚职能职责，组织各级各部门（单位）向全省1489个建档立卡贫困村全覆盖选派了驻村第一书记，为打赢脱贫攻坚战提供了强大的骨干力量。

责任与担当相伴，初心与使命同行。3年多来，第一书记们扎根扶贫一线，融入基层融入实践，抓规划谋发展，下深水捉活鱼，从难处破题，从实处发力，做了大量艰苦细致、卓有成效的工作，在平凡的岗位上取得了不平凡的业绩，涌现出许多先进人物和感人事迹，他们以强烈的政治自觉和使命担当，为打赢脱贫攻坚战增添了最为浓墨重彩的一笔。

一路见证，一路陪伴。在全党开展“不忘初心、牢记使命”主题教育和举国上下庆祝新中国成立70周年之际，省委组织部会同相关部门在全省组织开展“寻找最美第一书记”系列活动，通过集中宣传展示第一书记在脱贫攻坚主战场上拼搏奋斗的风采，弘扬新风正气，进一步激发驻村干部干事创业热情，以期引导广大扶贫干部不忘初心、坚守职责、践行使命，动员社会各方力量广泛关注、积极参与、齐心协力打赢脱贫攻坚战。

脚下沾有多少泥土，心中就沉淀多少真情。为了记录第一书记的奋斗历程，定格脱贫攻坚的暖心瞬间，省委组织部会同省地方志编撰了这本《最闪亮的名片——吉林省优秀第一书记风采录》。该书收录了我省50名“最美第一书记”候选人先进事迹，以浓厚的乡土气息和鲜活的文字语言，讲述了他们携手基层干部群众脱贫致富的生动实践，再现了他们驻村扶贫的感人场景。书中的主人公，是第一书记队伍中的杰出代表。他们是攻坚的旗手，知民意解民难，不断实现着百姓心中一个又一个心愿；他们是攻坚的先锋，接地气连天线，像一张张政治名片闪亮在贫困群众心中。

勇立新时代，展示新担当，实现新作为。打好打赢脱贫攻坚这场硬仗，需要社会各方力量的积极参与和大力支持。我们相信，全省奋战在扶贫一线的党员干部能够以书中的典型为榜样，砥砺奋进、再立新功。我们希望，全省各级党组织关心关爱扶贫一线干部，创造良好条件，让他们在农村基层大有作为。我们期盼，社会各界人士进一步凝聚共识、汇聚力量，以实际行动助力脱贫攻坚战的全面胜利，加快推进新时代吉林全面振兴全方位振兴。

编　者

2019年9月

目　录

四平市

辽源市

通化市

白山市

白城市

苏钢，男，1976年12月出生，汉族，中共党员，硕士研究生学历，中共长春市委组织部组织三处副处长。2017年3月至今，任长春市九台区其塔木镇北山村第一书记。曾获新时代长春青年先锋、九台好人等荣誉。

脱贫路上的带头人

——记长春市九台区其塔木镇北山村第一书记苏钢

2017年3月，苏钢踏上了前往北山村上任的路。家中年幼的儿子、年迈的父母……所有的重担都压在了体弱多病的妻子身上。一路上，苏钢思绪万千。在“小家”与“大家”的取舍抉择中，作为一名共产党员，苏钢毅然选择了后者。

挖掘产品，走上代言之路

北山村有15个村民小组，3831名勤劳的群众生活在这片土地上。茂密的森林、连绵的山峰造就了北山村的秀美景致，但山区的复杂地势也让本不富余的耕地面积更加紧张，北山村的群众一度贫困无助，致富无门。

驻村工作后，苏钢穿着一双黄胶鞋，每天在山路上穿梭。田间地头、贫困户的家里，总能看到他的身影。组织的信任、贫困群众期盼的眼神，始终鞭策着他，必须尽快带领群众摘掉贫困落后的帽子。

因为山好水好，北山村自古以来就是皇粮的供应地，在北山村更是保存着当时的“皇粮碑”。清朝时，一个地方有“皇粮碑”，是作为皇粮供应地的象征。但是由于没有形成品牌，缺少深加工条件，加之交通不便利，昔日的皇粮贡米一直没有走出北山村。苏钢经过深入调研考察，把视线瞄准在开发“皇粮”上，当起了北山贡米的“代言人”。

在一次走访中，村里的水稻种植大户李凤才向苏钢讲起自己早些年卖粮要看粮贩子“脸色”的经历。2008年，李凤才费尽心思联系上一个大订单，合同签了，稻子种了，可眼看到了该收割的光景，当初签单的粮贩子却跑路了。“卖也不是，人家哪天来收了咋整？不卖也不是，稻子最怕搁，变质损耗咱农民哪受得了？”万般无奈下，李凤才把当年近10万斤水稻压了一年，第二年实在撑不住了，才送去了镇上的收粮点，赔了三万多元。后来，村里申请了专项资金，在村里建起了大米加工厂。稻子不愁收了，可如果加工好的大米没销路，村民想走上致富路还是有困难。

苏钢听了心里十分焦急，但这件事情也使他萌生了将北山村“皇粮贡米”发展为扶贫品牌产品，走向市场的想法。

广拓销路，扛起脱贫重任

苏钢深入挖掘“皇粮碑”的历史故事，力争将北山村的大米带出山村。看到他满腔热血，有的村民背地里笑话他不切实际、异想天开。但他毫不在意，每次从村里回长春，后备厢、副驾、后座，恨不得连车顶都摆上一箱箱大米。他先是向亲戚朋友推销，后来又联系几家实体超市和机关食堂，但凡能想到的地方几乎推销了个遍，但嘴皮子都磨薄了，却没什么收获。

残酷的现实给苏钢泼了一盆冷水，他的努力看来都是无用功。东北不缺好大米，在东北卖大米并不好卖。市场上名目繁多的品牌，让北山村的大米进不去超市、上不了货架、走不进城市。

“现在的消费者都认品牌，没有品牌，没有包装，是无法被城里人认可的。”苏钢组织村干部和村里的致富能手、返乡创业青年共同研究，努力挖掘北山村大米的内涵和外延，最终决定注册“北大山”商标，创建“晒尔哈台丑米系列”大米品牌，主打“古作朝贡米，今成百姓粮”的品牌特色。

别的地方想着法儿地宣传自家大米“晶莹剔透，洁白无瑕”，苏钢却反其道而行之，见人就说北山大米“丑”，为啥丑？“原生态，不加任何增白剂，绝不抛光陈米，当年米当年卖，虽然没有光鲜的外表，但内在的品质可以让消费者寻找到原汁原味的大米味道。”

想法有了，接下来就是落实。不干不知道，创建品牌、注册商标、宣传推广、包装制作等一系列的工作，每件都需要他亲力亲为。苏钢不服输，也不怕累、不嫌烦，用遍了资源、跑遍了部门、说尽了好话，辗转多处，终于与村干部和村民们完成全村多年来的愿望。

坚定信念，助推产业发展

大米销量上去了，老百姓心里为之一振，纷纷要求加入进来，苏钢毫无保留地接纳了村民，共享了资源，并在产业链上建立起党支部。村里的青年贾文亮是个年轻有干劲儿的小伙子，返乡创业的他满腔热血，但是启动资金有限。得知这一消息的苏钢，以自己的名义在银行抵押贷款20万元，给贾文亮做启动资金。他说自己不求回报，但要记住，赚了钱可一定不要忘了乡亲们!

随着产量的扩大，他又把目标转向了省外市场。2018年12月末，苏钢自费到辽宁调研，打算把产品卖到更远的地方去。功夫不负有心人，苏钢百转千回，终于摸到了门路。他联系上沈阳一家电视台的电视购物频道，一下子签下了一年的采购订单，让北山村的大米卖到了省外。市场的拓展对商品的品牌效应提出了更高的要求，苏钢打算让部分产品进驻实体超市，实现线上与线下同步销售，让销量实现最大化。

2018年起，省市党委组织部门组织了多场“第一书记代言”产品展销活动，有农博会、加盟展、产品大集，苏钢场场不落。为了多卖点儿大米，他用沙哑的嗓子在展台前卖力吆喝，让更多的人认识了北山村的大米，也让更多的人认可了北山村的大米。

在长春参加展会期间，虽然离家很近，但是他放弃了回家看望家人的机会，一直站在展台里，不想错过展会的每一位客户，不想错过每一个打开市场的机会。展会一结束，他就马上回到村里，准备第二天要卖的商品。日复一日的奔走和数过家门而不入的愧疚，没有阻挡他前进的脚步，更没有动摇他的信念。相反，一定要“干好事、干成事”的信念，在他心里越埋越深。

驻村前，苏钢的车只行驶了6000多公里，当驻村第一书记的这2年多时间，仅在村上就跑出了3万多公里。工作的辛苦，使他身体着实有些吃不消，但他一想到村里有那么多事情等着他处理，就什么也顾不上了，甚至常常带病工作。

■ 苏钢参加东北亚文化产业博览会推介代言产品

把优质的东北大米卖出东北，第一书记既是代言人，又是推销员、快递员。着眼全国，开拓渠道，打通产销链，这是第一书记亲自“带货”的魅力，也是广大扶贫干部一心为民办事、扎实作风的良好体现。

在苏钢的带领下，如今的北山村产业兴旺，道路通畅，村庄整洁，谈起这些变化，村里人都竖起了大拇指。这份“沉甸甸的成绩单”的背后，正是苏钢无数个日夜付出的辛劳和汗水，他用实际行动诠释了第一书记的信仰，践行了一名共产党员的光荣使命。

（推荐单位：中共长春市委组织部　中共长春市九台区委组织部）

李新功，男，1968年5月出生，汉族，中共党员，硕士研究生学历，中共长春市委办公厅档案管理处处长，长春市第十三次党代会代表。2016年3月至今，任榆树市刘家镇永生村第一书记。曾获长春市优秀党务工作者等荣誉。

扶贫路上建新功

——记榆树市刘家镇永生村第一书记李新功

他用勤奋和毅力，坚定了乡亲们奔向全面小康的信心；

他用汗水和智慧，浇灌出乡亲们的幸福生活之花；

他用真情和实干，把党的温暖带到乡亲们身边，照亮了一方高天厚土……

他是榆树市刘家镇永生村驻村第一书记李新功。

转变角色，他倾力培育扶贫产业

2016年3月，春寒料峭，李新功告别年事已高的父亲、患有哮喘病的妻子，远离自己熟悉的生活环境，来到了永生村开始驻村工作。一踏上永生村的土地，村里的现状让他不由自主地倒吸一口寒气！

全村1077户3578人，其中贫困人口175户404人，村子地处偏远，村民增收致富途径过于单一，贫困人口多，扶贫难度大。

刚入村时，李新功看到一些卧床不起因病致贫的困难群众，他的眼睛湿润，嘴角起泡，嗓子也肿了，吃不下饭、睡不着觉。他暗下决心，永生村百姓不脱贫，永生村不变样，自己决不离开这里。

驻村伊始，他用脚步丈量永生村的每寸土地，用心叩开每户贫困户的家门。他把汗水洒遍了全村每一个角落，把党的温暖“驻”进了村民的心窝，带领百姓脱贫致富的信念在他的心里生了根、发了芽。

永生村村民的收入，主要依靠传统作物“大苞米”。为了扭转现状，李新功把自己当成“小学生”，从头学习种植、养殖知识，“走出去”寻找致富良机，绞尽脑汁寻找致富增收的良机。

一个偶然的机会，李新功认识了榆树市环城乡的“致富小能手”王春影。这个人一直栽培和种植苦菇蒗儿，有丰富的经验，且苦菇蒗儿的经济效益十分可观。李新功主动上门向对方请教，经过多次实地考察、多方论证，“苦菇蒗儿”成为他计划实施的第一个产业项目。然而，当他劝说村民种植苦菇蒗儿时，却遭到了大家的质疑和反对，他们不相信这小小的苦菇蒗儿能带来更大的收益。

李新功没有就此放弃，他苦口婆心地劝说村民，甚至自掏腰包拿出资金作为抵押金。在他的不懈坚持下，村民被他的执着感动，纷纷加入进来。到了年底一算账，这苦菇蒗儿可比“大苞米”值钱多了，一公顷苦菇蒗儿仅卖果收入，就比“大苞米”高出四倍。为了增加产品的附加值，李新功又联合王春影共同开发了菇蒗儿茶、菇蒗儿酒等一系列特色产品。其中，他们培育的红菇蒗儿产业项目，在全省创新创业大赛中获得优胜奖，产品被推选入京参展，切实增强了永生村农产品的市场竞争力。

开拓销售渠道，他甘当“网红书记”

产品有了，销售问题又摆在李新功的面前。为了让永生村的特色产品走出去，整合村上的优势资源，他使出浑身解数，帮助永生村注册成立了吉林省永生农业发展有限公司，为永生村搭建起电商平台。

村民开始很不理解，认为产品只要能卖出去就行，为什么要费劲花钱设计包装、注册商标。李新功耐心地向村民解释：“现在的规范是为了以后的长久，这也是我们产品在市场立足的底气，规范了、打出品牌了，咱们的产品就不愁卖了。”

自省市开展“第一书记代言”活动以来，他带领群众参加各类大型展会20余场，借助传统媒体、自媒体、新媒体客户端及微信朋友圈推销产品，为推销永生村优质农产品提供了广阔的舞台。为了尽快让永生村的产品能够获得市场的认可，在代言活动中，李新功就像“拼命三郎”，给市民和消费者留下了深刻印象。

每次参展时，李新功都亲自走上展位，一遍遍推销着村上的产品，接受省内外媒体采访30多次，不厌其烦地在他的微信朋友圈推销农产品。累积下来，李新功竟然成了朋友圈的“网红”，被大家亲切地称为“网红书记”。

■ 李新功正在召开扶贫工作座谈会

有位老朋友看到李新功朋友圈的产品发布消息后，给他发微信语音：“你好歹也是市委办公厅的干部，总是在朋友圈发这些乡村土货消息，不知道的还以为你做了微商呢。”李新功发了一个微笑的表情回答朋友："干啥就得吆喝啥，我是永生村的人，只要能帮助永生村的群众卖产品，哪怕是做微商、当网红，我义不容辞！"

在李新功及全村人的努力下，永生村农产品的影响力不断扩大，产品销往全国19个省市和地区，线上线下累计销售额突破300万元。2018年，永生村被吉林省商务厅评定为"省级电商村"。

党建引领带动，发挥党员作用

帮钱帮物，不如帮建一个好支部。李新功作为第一书记，用自己的信誉尽心尽力为扶贫产品代言，他把勤劳致富的精神植入贫困户心坎儿上，让贫困户看到了脱贫致富的希望，在群众中树立了很强的威望。

他在日记中写道："有了党旗的照耀，有了党支部的带动，有了党员的引领，脱贫攻坚战才有了真正的胜算！党员队伍真正发挥作用了，村里才有了一支永远不走的工作队。"

他带头组建永生村党员志愿者服务队，与15户"五保户"结成帮扶对子，定期为他们提供日常生活服务。积极联系各级慈善机构和社会爱心组织参与脱贫攻坚，逢年过节为贫困群众捐款捐物，累计价值15万余元，形成了全社会参与脱贫攻坚的强大合力。

为了进一步增强党支部凝聚力，夯实党员队伍建设，李新功设计了争创"五好支部"、争做合格党员等活动载体，每周定期开展"党员活动日"，以服务村民、凝聚村民为核心，融入脱贫攻坚、经济发展、社会治理等各方面内容，让党内活动与全村百姓更紧密地连接在一起。

看到村里的党员每周一都挨家挨户走访，帮着忙这忙那，起初村民并不感冒，以为就是走走过场，热闹热闹。

村里的老党员何宪文说："真没想到李书记能带着大伙儿把这事坚持下来，好多年没看到这样的场面了，让我想起了年轻时大家热火朝天战天斗地的情景。我虽然年岁大了，但党性不改，也得跟他们一样，发挥自己的余热。”

谈到“党员活动日”，李新功有自己的考虑。“永生村的年轻外出农民较多，很多家庭都有留守老人、留守儿童，在生产生活上面临诸多难题，党员们开展志愿服务，就是要帮助他们解决问题。”

如今，永生村发生了翻天覆地的变化，贫困户全部实现脱贫，村级集体经济年收入由不足5万元达到了25万元。2018年，全村人均年收入突破1.2万元。

成绩面前，李新功仍然保持着清醒，“既定的蓝图还没有完全绘就，返贫的风险还没有彻底消除，我要带领党员群众再接再厉，再建新功！”

（推荐单位：中共长春市委组织部　中共榆树市委组织部）

何世华，女，1971年5月出生，汉族，中共党员，硕士研究生学历，中共长春市委宣传部新闻处处长，长春市第十三次党代会代表。2016年1月至今，任榆树市大岭镇民主村第一书记。曾获长春市优秀共产党员、巾帼建功标兵等荣誉。

满腔热忱为乡亲

——记榆树市大岭镇民主村第一书记何世华

榆树市大岭镇民主村位于吉林和黑龙江两省交界处，虽然依山傍水，但村民的生活并不富裕。

2016年1月，何世华被选派到民主村担任驻村第一书记。

带着脱贫攻坚这份沉甸甸的责任，她以加强村党组织建设为根本，发展致富产业项目，使民主村发生了巨大的变化，赢得了当地百姓的信任。

建强堡垒，组织党员走在前

“党员不知道做点啥，每天只顾自己家；贫困户蹲在房前晒太阳，等着村里送小康……”这曾经是民主村的真实写照。

“由于村党支部凝聚力不强，党员队伍人心涣散，村干部缺想法、缺干劲儿，党员开会难、议事难，群众不支持、不买账；村里没啥像样的产业，村级集体经济薄弱，村民大多缺乏勤劳实干精神，‘等靠要’消极懈怠思想普遍存在……”说起刚到民主村的情景，何世华至今记忆犹新。

经过深入走访调研，何世华认为，转变贫困户思维，发挥支部和党员作用是关键。她把加强党建工作作为脱贫攻坚的重点，探索发展新路径，让基层党组织强大起来，让党员活跃起来，焕发新生机、新活力，成为带领群众脱贫致富的急先锋。

民主村有党员60多人，对于一个村来说人数是比较多的。“我们有许多党员勤奋创业，在群众中发挥了带头作用。但这远远不够，大家还应该发挥帮扶作用，带动贫困群众摆脱贫穷，引领更多群众走上致富之路。”在党组织生活会上，何世华的一番话掷地有声。

激活党组织的“神经末梢”，才能从“根”上增强村党组织的活力。为建强村支部、调动党员积极性，何世华与支部成员一起谋划设计，在村党总支下设两个党支部，每个支部下设三个党小组。

党小组的建立，激发了党员的责任意识。党小组组长在自己家中建立“党员服务群众示范点”，发挥和群众最近、与群众联系最紧密，人熟、地熟、情况熟的优势，组织有能力的党员通过体力帮扶、智力帮扶、就近帮扶的方式，结对帮助贫困户。

双双残疾的贫困户邓术文夫妇日常行动困难，患有脑病、长期卧床的贫困户刘润泉需要照顾，生活艰难的贫困户邓国志还要坚持照顾患有严重精神疾病的弟弟……党小组把有能力的党员、群众组织起来，定期开展帮扶活动，帮助困难群众渡过一个又一个难关。

村民之间出现矛盾，不等村干部到场，党小组成员就及时化解了。有一位村民，因秋天房屋失火，三番五次与邻居闹腾，还无理要求村里给他经济赔偿25000元。有威望的老党员对其进行说服教育，使问题得到有效解决，令村民们心服口服。

设了党小组，干部群众就有了主心骨。一位老党员感慨地说："搞了党小组真是不一样，以前党员平时不咋见面，现在我们隔三岔五就碰碰头。村里有事争着干，谁家有事帮一把，大家团结一致抱成团，干啥都有劲儿！"

在党员的示范带动下，村里要求进步的年轻人越来越多，先后有17人提交了入党申请。

激发斗志，带领村民奔富路

干部群众的心气儿上来了，何世华趁热打铁，争分夺秒谋划产业发展。在综合考虑耕地条件、劳动力水平等诸多因素后，她计划通过种植黑木耳、成立巾帼草编合作社等来改变村级集体经济薄弱、产业结构单一的现状，让村民早日脱贫致富。

打深水井、挖蓄水池、铺设供水管道、调研木耳基地、到蛟河和五常等地精心挑选菌种……在推进黑木耳种植的日子里，何世华每天贪黑起早，不知熬了多少个日夜。给木耳浇水，看护菌棒成长，采摘木耳，晾晒加工……每一个步骤、每一个环节，她都亲力亲为。

艰苦和辛劳没有白费，第一年栽种的6万袋木耳收获成耳4000斤，解决了145名困难劳动力的就业问题。

在何世华的张罗下，村里的20亩黑木耳种植基地成为长春市科技扶贫示范项目——无限极中国有限公司吉林分公司公益帮扶项目，黑木耳产品成功注册"雷劈山"品牌商标。

■ 何世华了解木耳生长情况

何世华的干劲儿拼劲儿，坚定了村民脱贫致富的信心，也带动了村民跟着一起干的决心。贫困户赵继山主动承担了村里栽种黑木耳的活儿，每天都在木耳基地忙忙碌碌。在挖深水机井的日子里，赵继山又自始至终帮着机井队干活儿。有村民对老赵说：“村里给机井队工钱了，你这样忙前忙后图啥呢？”老赵回答说：“何书记费尽心思帮助咱，咱们不能太懒了。早一天打好井，就能早一天浇灌木耳，就能早一天丰收。”

依托榆树草编产业的良好基础和优势，何世华又准备带领村民发展草编产业。发展草编业并不容易。如何把村里的妇女特别是贫困妇女组织起来，选好项目带头人呢？当时，村里举办了一期草编培训班，参加培训的村民周艳华让何世华眼前一亮。周艳华精明强干，平时在外地打工，回家时正赶上举办培训班，就来凑了个热闹，几小时的培训让她对草编产生了浓厚的兴趣。

“你打过工，一看就能做事。这个产业在炕头上就能赚钱，而且冬闲季节也有事可做。回家创业吧，把咱这儿的贫困妇女都带动起来。”在何世华的鼓励下，周艳华决定回乡创业。

从编织小件物什赚钱补贴家用，到编织大件器物有了不错的收入，如今在周艳华的带领下，全村200多名妇女掌握了草编技能，用巧手编出了美好生活。何世华利用第一书记身份，为民主村草编产品代言，她多次带着草编产品参加省、市举办的各类展销会，产品深受消费者喜爱。

扶弱济困，倾尽所能为乡亲

面对贫困群众的每一个问题、每一项诉求，何世华都力求做到事事有回音、件件有着落。

建设新村部缺乏资金，她多方奔走协调来40万元建设资金；村民生活困难看不起病、用不起药，她协调资金建立了村卫生所；村里原有桥梁年久失修村民出行困难，她协调资金修建两座桥和三个涵洞；45户贫困户居住在老旧危房里，她协调相关帮扶部门，全部完成危房改造；部分村民还没有喝上安全水，她协调有关部门推进安全饮水工程，成功打出深水井；村里文化生活匮乏，她协调有关部门帮助修建两个文化广场，组建村民秧歌队，培养文艺骨干……

民主村涝洼地多，不仅耽误农作物生长，还影响村容村貌。经常是一场滂沱大雨过后，村里村外一片汪洋，村民进不了田，走路也不方便。为此，何世华多次召开村“两委”班子会议，反复研究，最终确定开展涝洼地清淤计划。这一计划得到派出单位的大力支持，投入了百万元资金用来清淤。得知喜讯的村民们群情激昂，家家出工出力。很快，18000延长米的涝洼地清淤工程全面完成。村民高兴得合不拢嘴：“这村里村外，清淤排水看着舒坦，大田也会有个好收成，感谢第一书记为咱村民办的好事。”

民主村老弱病残人口多，这让何世华最为牵挂，她利用“党员服务群众示范点”“妇女之家”等平台，动员全体村民开展互助活动。70多岁的贫困户刘淑芹，身体一直不好，孙女从小患有甲亢，眼睛外凸、脖子肿大，没钱医治。何世华和党员服务群众示范点、妇女之家的骨干带着孩子东奔西走看病，大家共同为孩子购买药品，帮刘淑芹一家解决了很大难题。

漫漫扶贫路，任重而道远。3年多的时间过去了，何世华还在以只争朝夕的精神、坚忍不拔的毅力，一步一个脚印，为民主村的脱贫攻坚贡献着自己的力量。

（推荐单位：吉林省妇女联合会　中共榆树市委组织部）

于洋，男，1983年10月出生，汉族，中共党员，硕士研究生学历，吉林市住房和城乡建设局综合计划统计处处长。2016年3月至今，任蛟河市拉法街道海青村第一书记。曾获吉林市劳动模范、吉林市脱贫攻坚贡献奖、吉林市百名优秀青年、吉林市脱贫攻坚先进个人等荣誉。

一片真情为乡亲

——记蛟河市拉法街道海青村第一书记于洋

5个村级集体经济项目和3个扶贫项目上马，村级集体经济收入实现了从零到20万元的大幅提升，贫困户人均年收入由2016年的不足3000元增长到5125元；村里环境从曾经的“脏乱差”到“村有广场巷路通、屯屯道边有路灯”，村容村貌焕然一新。

曾经的落后村在年末考核中被评为街道“政绩突出班子”，并先后获得脱贫攻坚先进集体、劳动模范集体荣誉称号。

为海青村带来这些变化的就是第一书记于洋。

主动请缨，扎根山村破扶贫坚冰

2016年3月，有过挂职社区副书记和副镇长锻炼经历的于洋被选派到海青村担任驻村第一书记。从驻村的第一天起，他就把自己当成了村里人，吃住在村里，每天不是去贫困户家里了解情况，就是到村社干部、老党员、村民代表、致富带头人家中走访，记下了厚厚5大本近10万字的驻村日记，里面全是村里的大事小情、村民的家长里短，每件事他都放在心里。

耕地面积少，没有企业带动，村级集体经济薄弱，缺少发展空间……如何脱贫致富成为摆在于洋面前的第一个难题。

于洋和街道党工委、包保部门以及上级领导多次座谈研讨后，最终确定了5个集体经济项目和3个扶贫产业项目，包括厂房承包、复垦地承包、木耳种植、贝母种植、原村小发包、山黑猪养殖和光伏发电等项目。

村里发展项目，说起来容易做起来难。对外发包复垦地时，就有胳膊上文身的社会青年到村部闹事，扬言只准承包给自己。于洋当即站出来亮明身份，并表示要想承包就得按程序来，要想来闹事，自己是公安出身只管来找他。这下子，不仅灭了小混混的嚣张气焰，更长了村民的志气，之后这群闹事的再也没来过。

在建设山黑猪养殖项目时，仅选址一项就历时半年，前前后后选了四个地方，最后一个才通过审批。但就在项目即将开工之际，个别村民突然变卦，提出建猪场会影响自家祖坟风水，不让猪场在本屯修建。于洋马上召开村“两委”会议研究这件事。有村干部说：“咱们的程序和手续都合法合规，如果他们要阻挠，咱们就报警抓人！”也有人说：“如果解决不好以后都是麻烦，乡里乡亲的，实在不行这个项目就别上了。”于洋听说这个屯子的一名老党员和反对建猪场的村民是亲戚，他就直接到老党员家里做工作，说明猪场为啥选在那里，对村里有啥好处。老党员被说服了，他向于洋立下军令状：“于书记，我要是做不通这小子的工作，我就不是一名党员！”2017年5月，养殖场顺利建成，每年保底收入5万元，贫困户每户每年分红1000元，同时带动部分村民到猪场务工，村民们的脸上都露出了笑容。

扶贫先扶志、治穷先治心。为使每一户贫困户都能脱贫奔小康，于洋按照“因户施策，定向帮扶，整合力量，多角度切入”的思路，制订了精准的帮扶措施。

贫困户郭玉波腿脚不好，一家5口，妻子患有眼疾，年迈的母亲体弱多病，还有两个女儿，主要靠低保维持基本生活。于洋了解情况后，为他安排了“村容保洁员”的岗位，每月工资500元，并在农闲的时候安排他到村级集体经济项目场地务工。通过产业扶贫项目分红和个人务工所得，郭玉波每年增收近2万元，生活状况明显改善。2017年，郭玉波被蛟河市政府评为“年度脱贫模范先进户”。

凝心聚力，建强支部立脱贫之志

班子弱、队伍散、民心难聚，这是大多数贫困村的共性问题。于洋把抓好党建工作作为工作主线，着力在建强班子、带好队伍、凝聚民心上下功夫。

2016年4月1日，于洋第一次在老村部参加支部大会。当时的村部只有40余平方米，有老党员提出：“咱们的村部太旧了，没有供暖设施，也没有个像样的会议室，久而久之都不愿意来开会了。”

于洋看在眼里，急在心上，他下决心一定要先把村部建起来。说干就干！协调资金、选择地址、设计图纸、监督进度，从早到晚，他“长”在工地上。2016年7月1日，经过90天的连轴转，230平方米标准化新村部和1500平方米文化活动广场建成并投入使用。

同时，他通过狠抓“三会一课”党组织生活制度的落实，为打赢脱贫攻坚战、推进乡村振兴战略凝聚力量，增强后劲儿。他制定了海青村合格党员标准，固定了主题党日时间，扎实推进“两学一做”学习教育常态化制度化。开始时有些党员干部不理解，认为走走过场、报个材料就可以。他不厌其烦地讲，直到大家理解，无论党务、村务工作，党员都积极参与，先锋作用逐渐发挥出来。

2018年，为发展壮大村级集体经济，经过考察，于洋决定发展木耳种植项目。

党员大会上，有党员提出：“于书记，你的想法是好的，但发展项目有风险，咱们不如建点基础设施，还能给村里留点啥！”也有的党员提出来：“于书记，如果木耳赔了，对你也有一定影响，你以前的工作不都白做了吗？”

“党员干部就是要有担当精神！”于洋下定决心，他一边向派出单位争取资金，一边调动党员的积极性，发挥党员的先锋模范作用。

从5月3万段春耳下地，到8月2万段秋耳开始摆段，于洋每天带领班子成员对木耳基地进行包片管理，自己带头承担最多任务，并组织村里党员、入党积极分子开展“义务献工”主题党日活动，主动参与到种植生产各个环节。

同时，积极参与“第一书记代言”活动，在村部门前开设农贸小市场，还通过参加展示展销会、微信宣传等方式拓宽销路。年末一算账，仅村集体就增收近3万元。

■ 于洋召开党员大会，研究村集体产业发展

俯身躬行，综合治理展乡村新颜

海青村位于302国道沿线，是前往“保安睡佛”观景台和红叶谷景区的必经之地，地理位置的优越性让于洋的心思活络起来，他要把海青村建设成为一道靓丽风景线。

4年来，于洋投入大量精力，向上争取900余万元资金，先后为4个自然屯安上自来水，让1000多名村民喝上放心水；新修了2.65公里的柏油路、6公里的水泥路、5000多延长米的标准化围墙、160余盏太阳能路灯、144个统一风格大门，为61户村民安装了室内厕所；村部内设置了文化栏，各屯安装了30米文化墙……

在修建屯内道路时，由于路不直、栅栏不齐，需要村民往自家院内缩减点儿地方，部分村民不愿意配合施工方要求，希望按照自己意愿修改线路进行施工，导致施工进展缓慢。于洋就发动村干部带头挪，对不配合的村民，实行党员包保，通过亲自谈、书记谈、党员谈、亲戚朋友谈的办法取得村民理解和支持。

在修建围墙时，施工方不慎破坏了村民原有设施，于洋自掏腰包进行赔偿，并带领党员干部进行修复，使村民很受感动。

如今的海青村，流传着一个新的顺口溜：“我们大队风光光，盖大队、修广场，贫困户分红钞票很多张。自来水清亮亮，安坐便、修茅房，路边花儿红堂堂、路灯照得明晃晃，修道还给带林场，我们还有养猪场，马上就得变小康。我说这些还不算，大门安得都一样，这些事情谁做的，第一书记是于洋，是于洋！”

海青村的脱贫攻坚工作还在继续，于洋也在不断成长和收获。现在，他仍然以真心投身扶贫一线，用奋斗抒写无悔青春。

（推荐单位：中共吉林市委组织部　中共蛟河市委组织部）

徐世博，男，1983年10月出生，汉族，中共党员，硕士研究生学历，中共吉林市委组织部干部规划办公室副主任。2016年3月至今，任桦甸市红石砬子镇老岭村第一书记。曾获吉林省脱贫攻坚贡献奖、吉林市百名实干担当典型、吉林市百名优秀青年典型等荣誉。

“我们永远记得你的好”

——记桦甸市红石砬子镇老岭村第一书记徐世博

“一过老岭岗，感觉刚解放，人住马架房，牛吃搓草棒。”这曾是老岭村的真实写照。

然而，就在短短3年间，老岭村发生了翻天覆地的变化：村级集体经济由零收入到稳定在收入10万元以上，贫困发生率从8%下降到1%，村子面貌发生巨大变化，2018年老岭村成功“摘帽”，退出贫困村行列……

一个名不见经传的贫困村，现在却旧貌换了新颜。这些可喜的变化，还要从驻村第一书记徐世博说起。

一个人走得快，带动一群人走得远

来老岭村之前，徐世博曾经有过一年驻村工作经历，尽管如此，遇到的困难还是令他有些措手不及。

第一次召开全村党员大会，一名同志满身酒气，不停地抱怨：“人家能吃低保，我为啥不能吃？我干活儿最多，待遇还少，我不干！”事实上，这名同志并不符合享受农村低保的条件，但明知如此，他仍要攀比，怨气不小。

如今回忆起来，徐世博说：“那时候是最痛苦、最无助的阶段，没有人配合你的工作。你想出来的方案说给村干部听，他们不理解，不支持，也不帮忙，每天什么事都做不了。”

“我们村当前的情况是，党员宗旨观念淡薄，利己思想严重，班子缺乏凝聚力，干事缺乏号召力。我一个人可以先行带头干，但力量有限，干不成大事，如果我们一班人凝聚起来，力量将是无穷的。要想长远发展，必须打造一支有战斗力的队伍，作为一名组工干部，先从支部、党员抓起吧。”徐世博在日记里写到。

■ 徐世博培养致富带头人

接下来的一段日子，徐世博白天与党员干部入户走访，晚上开碰头会，交流工作，探讨办法。

“有的党员干部找理由不来，我就总去他们家‘串门’了解情况，弄得他们不好意思，就都参与进来了。大家一起研究，办了几件事，他们逐渐有了成就感，参与度就高了。”徐世博说。

短短几个月时间，党员干部一问三不知，冷、硬、推的工作作风彻底扭转，大家工作热情高了，营造了良好的工作氛围。

为进一步提高支部一班人做群众工作的能力，徐世博研究制订了“三说一兜”工作法，要求全村党员做群众思想工作时，要说三种话：一说“情话”，党员干部对群众要动真情，以情动人，以心换心。二说“实话”，要说关心人、体贴人的实在话。三说“新话”，传达新信息、新思想、新观点。“一兜”就是老百姓要办的急事、难事，如果其他党员干部办不了，则由徐世博负责兜底解决。

“三说一兜”工作法很快取得了成效，村干部走访入户吃“闭门羹”的现象逐渐消失了。经过半个月的走访，徐世博搜集了27条意见建议，他将这些意见划分类别，对症下药。

首先从6件涉及50多户村民的遗留问题入手，如退耕还林补贴没有全部兑现、沟渠淤泥阻塞没人管、垃圾乱扔村内环境卫生差等问题，徐世博向包保部门和有关单位争取5万元资金，解决了90%的遗留问题；对时间太长、查无实据的问题，由村干部面对面向村民讲明情况，取得谅解。6件遗留问题全部得到妥善解决，村民对徐世博更加信任，也对村里发展逐步有了信心。

徐世博十分重视党建工作，在村里深入开展“两学一做”学习教育，坚持“三会一课”制度。他带头讲党课，牵头搞活动，开展“党员活动日”，建立集体与分工协作机制。用老岭村党支部书记刘继君的话讲：“徐书记规范了村支部活动，通过党支部的日常工作，把我们党员干部牢牢团结在一起了。”

“我们村贫困户冷登林家危房改造时，没钱雇工，徐书记组织10名党员义务施工，让老两口儿如期住进了新房。”老岭村党支部副书记朱立霞介绍说。他们还为23户没有劳动能力的贫困户打扫庭院，拆卸护栏，配合乡村整体改造。

半年下来，徐世博和村“两委”干部一起，动员群众实施了安全饮用水项目，完成了文化广场和村路建设，组织了健康帮扶、文化义演、社会捐助……随着一批批基础设施项目完工和一次次活动的举办，他的工作得到了干部群众的一致认可。

不是有了希望才干，而是干了才有希望

贫困户曲国海做梦都没想到，一年光景，日子就好起来了。

曲国海家里只有老两口儿，妻子患病，守着一亩来地，种苞米，一年收成不够妻子看一次病。生活没希望，曲国海心里苦，每天喝酒玩牌，成了村里人指指点点的负面典型。

“你再也不能吊儿郎当，破罐子破摔了！”徐世博看在眼里，急在心里，多次找他谈心做工作。

“我试试看！”在徐世博的帮助下，曲国海开始养牛，种苏子，打工。一年下来，他渐渐上了赚钱的“道”，收入多了起来，酒友拉他去喝酒都没空儿了。

“今年，我摘木耳务工收入2000元，分红700元，种苏子收入1400元，采山菜收入600元，养了两头牛，等明年下了崽儿，还能收入更多点儿，说不定哪天我就成了养牛大户呢！”曲国海算着细账，幸福之情溢于言表。

扶贫先扶志，越是贫困越得有精气神儿。“因啥致贫都不怕，最怕没志气。不是有了希望才干，而是干了才有希望！”徐世博的话，句句说到了村民心里。

老岭村没有特色资源，还十分偏远闭塞，要想脱贫致富，只能从土地上想办法。为此，徐世博为村里定下全新的发展基调：减少普通农作物的耕种面积，发展经济作物种植，带动村民发家致富。

2016年，他牵头成立灰苏子专业合作社，发展社员210户，种植面积由原来的90公顷扩大到140公顷，带动贫困群众52人，人均年增收3200元。

通过整合村里荒地和传统低产玉米地，发展黑木耳种植60万段，不仅当年还清菌段和运输成本费114万元，而且村集体实现增收10万元，带动80多名村民务工，人均增收5000元，贫困户人均分红700元。

为了解决村里可利用土地少、扩大产业规模受限等问题，借着“第一书记代言”活动的东风，徐世博把目光瞄向了企业。他与一家公司签订了400吨灰苏子收购合同，另外，通过代言成品苏子油，仅3个月就为村集体增加收入6000多元。

风雨同舟，一起奔向幸福生活

脚上沾满多少泥土，心中便沉淀多少真情。徐世博与老岭村干部群众的深厚感情，是在他的辛勤付出中建立起来的。

在一次入户走访时，得知贫困户石峰有酿酒技术，但苦于没有设备和启动资金，徐世博便四处奔走，帮他申请贷款3万元，联系企业赞助设备，协调质监、工商等部门办理样品检测证书和经营许可。2016年底石峰酒坊开业了，当年收入7000余元。石峰很快还上贷款，生活逐渐有了起色，告别了贫困。

徐世博有个口头禅：“有福民先享，有难我来挡。给村民办事，自己受苦受累受点儿委屈不算什么。”他白天到上级单位跑项目跑资金，晚上到群众家中“攀亲”做思想工作，争取到项目资金600多万元，修建村社水泥路13公里，实现全村主干道路硬化，全程贯通。

走在老岭村平坦的村路上，村民们自豪地说：“徐书记给村上办了很多好事，现在灯亮了，路宽了，房也换了。”修缮4座桥涵，修建1000平方米文化广场，修砌5000延长米边沟，统一安装7000延长米铁制院墙，安装190盏路灯，绿化美化8公里村组公路，全村家家户户用上自来水，有线电视入户率达100%。几年来，徐世博带领村“两委”班子改善人居环境、建设美好家园的工作成效，实实在在地摆在乡亲们面前。

2017年7月13日，吉林市遭遇特大洪水，老岭村30余户村民生命财产受到严重威胁，刚下地的60万段黑木耳菌段随时有被洪水冲走的危险。面对突如其来的灾害，徐世博和5名村干部连夜顶着大雨，挨家挨户拍门呼叫，告知汛情，转移群众，随后奔向木耳基地，疏通沟渠，铺盖菌段。经过大家的齐心合力，黑木耳菌段总算保住了，可徐世博却在抢救木耳的工作中不慎跌倒，伤到了眼睛，他没有顾得上去治疗，就又投入到工作中去，直到后来单位体检时才发现眼底裂了，这时早已错过了最佳治疗时机。

金杯银杯，不如老百姓的口碑。驻村3年来，徐世博的脸庞晒黑了，身体消瘦了，头发也变白了，但他所付出的心血和努力也换来了老岭村村民的认可，他们常说“我们会永远记得你的好”。

（推荐单位：中共吉林市委组织部　中共桦甸市委组织部）

曾丽圆，女，1983年2月出生，汉族，中共党员，硕士研究生学历，吉林市生态环境局高级工程师。2017年7月至今，任蛟河市漂河镇青背村第一书记。曾获吉林市脱贫攻坚贡献奖、吉林市脱贫攻坚工作先进个人、吉林市第一书记抓党建促脱贫攻坚擂台赛“优秀奖”等荣誉。

执着，让梦想开满鲜花

——记蛟河市漂河镇青背村第一书记曾丽圆

梦想，一种催人奋进的力量。

曾丽圆，这名“80后”女孩有过许许多多的梦想，然而当她担当起蛟河市漂河镇青背村驻村第一书记的重任，她的梦想就定格在建设美丽乡村、改变一方面貌的不懈奋斗中。

凭着这份信念和执着，她仅用两年多时间，就改变了青背村的落后面貌：村级集体经济扭亏为盈，贫困户陆续脱贫，全村呈现出一片安居乐业、欣欣向荣的崭新局面。

在奋斗中，曾丽圆带领村民实现致富梦想；而她的梦想，也在奋斗中绽放出灿烂的花朵。

面对重重困难，她选择接受挑战

2017年7月，组织上要从吉林市生态环境局选派一名驻村书记。单位领导考虑曾丽圆在永吉县碾子沟村驻村工作一年多，有农村工作经验，征得本人同意后，决定选派这个“80后”的女书记去驻村开展扶贫工作。

通往青背村的路十分漫长，丈夫在外地工作照顾不了家，母亲患有小儿麻痹后遗症生活难以自理，接送正在上小学的儿子只能靠耳背的父亲，这些一一在她脑海里掠过，是她难以放下的牵挂。

有人问曾丽圆，家里这么多困难，干吗还要接受第一书记这样的挑战？她说，这是一份使命，更是一份荣耀。

一条青背河带着涓涓细流，汇入亘古长流的松花江，青背村就坐落在青背河边。青背村全村337户1548口人，有贫困户18户。村民们祖祖辈辈靠山吃山，靠水吃水，自然条件的束缚，使得村民们的日子过得并不宽裕。

听着村书记的介绍，看着村民期盼的眼神，曾丽圆将对家人的牵挂抛在脑后。忙完一天的繁杂事务，一个人的时候，她常常伫立在青背河岸，深情眺望那条奔向远方的河流。她的心情如同这滔滔江水，组织的重托、困难群众的期望，时刻激励着她。

面对贫困现实，她选择发展产业

山清水秀、环境优美的地理条件非常适合发展木耳产业。在曾丽圆上任前一年，村里的包保部门就投入30万元资金建设了木耳种植基地，结果不但没能增收，还亏损了6万元。这让村“两委”班子、贫困户以及包保部门发展扶贫产业的信心和热情都受到了沉重打击。

守着青山绿水，种植木耳为什么失败？为了寻找答案，也为了让大家重拾信心，曾丽圆开始四处学习木耳培育相关知识，走访邻村木耳种植大户，通过一次次探索和实践，终于找到“突破口”。她重新打造木耳种植园，采取“集体+种植大户”的合作经营模式，由村里致富带头人、农民党员韩国华参股并负责日常管理，村里负责技术指导和产品营销。

木耳质量直接影响产品的销售。为了提升木耳质量，曾丽圆为木耳种植基地制订了标准化生产流程，并采用深井优质水浇灌，种植全过程零添加，坚决杜绝打药、熏蒸、染色等违规操作，使木耳质量达到国家一级标准。

为了让贫困户都能共享木耳产业的成果，她一家一户地走，一家一户地动员，向村民讲解“勤能补拙”的道理。“双手勤了，日子也就好过了。”村民为她的执着而感动，纷纷投入到木耳生产中。当年，青背村的木耳种植基地产出优质秋耳5400斤，比2016年整整翻了三倍还多。

为把本村木耳带到更广阔的市场，曾丽圆借助“第一书记代言”活动，参加各类展销会进行宣传推广。在她的积极协调下，青背村与中国邮政合作，实现网络销售，木耳远销北京、上海、山东等地，成为许多大都市里人们的美味佳肴。

在她的努力下，2018年底，青背村村级集体经济收入30多万元，贫困户户均收入3500元。

面对百姓诉求，她选择倾情奉献

在曾丽圆的抽屉里，放着一本厚厚的第一书记工作日志，上面详细记录着村民的各种困难和诉求。这本日志上，也深深印着她深入村民家中了解民情的一个个足迹。

71岁的贫困户周德英大娘为给老伴儿治病，欠下15万元外债，儿媳、孙子患有严重癫痫，原本朴实勤劳的儿子也不堪重负，精神濒临崩溃，经常打骂妻儿。周大娘整天愁眉苦脸，看不到生活的希望。曾丽圆了解情况后，隔三岔五就到周大娘家拉家常，想方设法为她化解债务，排解生活压力。

2018年，靠着扶贫项目分红和发展庭院经济，周德英一家四口人均年收入3800余元，所欠外债也还上大半。前所未有的收获，使周大娘一家人对生活重新燃起希望。村民们都说：“是第一书记救了这户人家！”

一个名叫史学彬的困难户，看着眼前这位戴着眼镜的文静女书记，不相信她能给自己的生活带来改善。曾丽圆向他了解家庭情况，他也爱搭不理。得知妻子过世的史学彬一人带着儿子生活，眼前最大的两个困难一是没有水井，二是儿子读书没钱。曾丽圆临走前答应给史家打一口水井，史学彬没当回事，因为他不相信女书记这顺嘴一说的话。可是没过几天，打井队进了史家，不到一天时间，井就打好了。喝上了清冽的井水，史学彬心里别提多高兴了。曾丽圆还为他上高中的儿子申报了“雨露计划”，争取到每学期1500元的补贴。史学彬一家深受感动，彻底改变了对这个女书记的印象。

面对艰难抉择，她选择留下

无论走到哪里，曾丽圆时刻把村民装在心里。2018年4月，父亲被确诊为肺癌晚期，她急忙去医院看望父亲。在医院里，她无意中听到医生、护士们议论准备下乡义诊的事，便立刻想到青背村那些患病的老人，就主动向医院申请把义诊地点放在青背村。医院领导被她心系贫困群众的真情深深打动，欣然接受了她的请求。2018年8月，医院组织11名专家来到青背村，为53名村民进行了义诊，并免费发放了5万余元药品。

■ 曾丽圆入户走访贫困户张春兰

然而，就在她组织村民参加义诊的时候，父亲去世了。曾丽圆感觉天塌下来了，万般无奈中，她向村支书透露出要离村的想法。

50多岁的村支书韩君听了双眼潮湿：“你要走，我们舍不得。干脆把你母亲接过来，我们大伙儿照顾。”村民们听说后，也纷纷挽留她。“实在不行，你雇个保姆，我们给你掏钱。”

不走，母亲怎么办，儿子怎么办？她给丈夫打了个电话，丈夫思索后对她说：“你不要回来，村里需要你，乡亲们也需要你，我回来照顾家。”于是，曾丽圆的丈夫辞去了月薪过万元的外地工作，回到家里照顾老人和孩子，只为能让她安心工作，继续带领村民朝着梦想奋力奔跑。

曾丽圆选择了留下，她要把青背村当作自己的家。她把全村56名党员紧紧团结在一起，引导他们在脱贫攻坚中发挥先锋模范作用。在她的感召下，困难面前党员干部始终冲锋在前。帮助年老体弱的村民拆建防冻塑料暖棚、为贫困家庭更换崭新的铝合金窗子、开展家庭卫生评比活动……时时处处都能看到党员干部的身影。

梦想的力量是无穷的，一个软弱涣散村，因为一个“80后”女书记的到来一跃变成党建强村。“让所有的梦想都开花。”这是曾丽圆的愿景。她正在用青春和汗水，把一个个梦想变成现实。

（推荐单位：吉林省妇女联合会　中共蛟河市委组织部）

阚阅，男，1977年5月出生，汉族，中共党员，硕士研究生学历，吉林市委办公室信息处副处长。2016年3月至今，任磐石市烟筒山镇大黑山村第一书记。曾获吉林市劳动模范、吉林市脱贫攻坚贡献奖等荣誉。

驻在百姓心头的第一书记

——记磐石市烟筒山镇大黑山村第一书记阚阅

面对脱贫攻坚的艰巨任务，他向贫困户立下军令状：“不让大伙儿脱贫，我决不回城。”

面对村里贫穷落后的现状，他摸准贫困的“病根”，对症下药，不仅念好了脱贫致富经，还带领村民走出了独具特色的致富路。

2016年3月，阚阅被选派到磐石市烟筒山镇大黑山村担任驻村第一书记。3年多来，他以产业脱贫为突破口，大力培育富民产业，带领干部群众克难奋进，超前实现了“两年见成效，五年变新貌”的扶贫目标。

扑下身子谋致富，老百姓称他“芦笋书记”

大黑山村是出了名的贫困村，交通闭塞，资源贫瘠，全村200多户村民，近一半是贫困人口。2015年末，村集体年收入不足1万元，集体账户可支配资金不足500元。长期的积贫积弱，让这个落后闭塞的小山村背上了沉重的包袱，想发展起来，难！

农村富不富，关键看支部。驻村工作后，阚阅从实际出发，健全完善各项工作制度，狠抓村级组织建设。他以“抓党建促发展，抓服务促满意，抓活动促和谐”的“三抓三促”活动为载体，制定完善了村组干部定期学习、公开承诺、议事决策等制度，不断发挥基层党组织战斗堡垒作用，凝聚起强大的发展合力。

为了早日改变大黑山村的贫困现状，阚阅一直在寻找帮助村民脱贫致富的有效方式。大黑山村属于山区半山区，耕地面积252公顷，土地为中低产田，而且全部是坡地岗地。经过前期的走访调研，又通过找到一些专家进行论证，阚阅决定在种植芦笋上做文章。随后，建设芦笋园区的提议，很快得到了镇村的支持，园区建设提上日程。

芦笋需要深耕种植，要在垄沟底部进行一次性施肥，按照“绿色食品”的要求，芦笋必须施用有机肥，大概需要几千吨。上哪弄那么多有机肥？阚阅不停地走访当地各大养牛企业，寻求企业老板的支持。经过不懈努力，吉林市一家乳业集团表示可以无偿提供肥料，但是需要大黑山村负责运输。

阚阅和村书记商量后，决定雇挂车去拉牛粪。为了避免运输损失，他在牛棚里负责组织装车，村书记负责带车队运输，用了半个月时间，将4000吨牛粪及时运回了大黑山。180座芦笋大棚顺利建设起来，定植笋苗15.48万株。2016年底，完成了果蔬无公害产地认证和绿色食品专项认证。

3年多来，芦笋种植年收益20余万元，年收益分红户均2700余元。

壮大村级集体经济，拓宽山村致富路

芦笋种植取得不错的收益，阚阅没有躺在功劳簿上。他清醒地认识到，必须以发展村级集体经济为引领，坚持多元发展的路子，才能让贫困村彻底摘掉落后帽子。

大黑山村不少农户养牛，但不成规模，投入大，收益小。他把目光落在了“村企联建”上，于2017年初引入了省农业产业化重点龙头企业——大军元牧业公司，投资550万元，建设繁育母牛养殖专业合作社项目，建成育肥牛养殖基地3400平方米，存栏200头，采取“龙头企业+金融+贫困村”模式，改变了此前养殖项目发展“村靠镇、镇靠市”的局面。

2017年以来，合作社以租金形式给付大黑山村村集体30万元，贫困户年户均分红2762元，安排贫困户就业岗位2人，每月工资3000元。

村里有一部分贫困户，基本丧失了劳动能力，无法发展产业项目，维持生计较为艰难。2016年底，阚阅看到一些地区开始引进光伏发电项目，他如获至宝，马上着手筹措资金。经与包保单位沟通联系，先后筹措资金60余万元，与磐石市政府合作，于2017年正式建成装机容量100千瓦的光伏发电项目，项目当年就实现村集体收益16万元，为贫困户带来8万余元收益。通过精心管护，2018年更是实现21万元村集体收益，为贫困户带来收益10万余元，极大提升了无劳动能力贫困户的保障水平。

看到村里的大项目一个个落地见效，村民的心思也逐渐活泛起来。木耳种植、蜜蜂养殖、梅花鹿养殖、林下溜达鸡养殖，每个项目阚阅都跑前跑后，为农户查资料、请专家、除病害……全程提供保姆式服务。在他的支持下，农户的腰包鼓了起来，仅种植木耳一项，3年来累计带来40万元的纯收入。

大项目带动小项目，子项目攒成大产业，大黑山村逐渐变了模样，从2016年以前的一穷二白，到如今户均年分红5900余元。

丰富营销宣传手段，品牌代言销量高

各项产业蓬勃发展，然而销售难的问题却很快摆在了面前。大黑山村偏远闭塞，缺少对外沟通的平台和途径。为了让产品尽快卖出去，阚阅主动承担起“销售部经理”的责任。

在销售芦笋过程中，阚阅反复与各大商超联系，终于与大润发超市东北区分公司签订了超市直采合同，一次性进入东北地区49家超市销售。运输工具不够，他就开着自己的车送货，成为一名“快递小哥”。为了确保芦笋新鲜，他只能深夜往返于村子和市区，一个来回就是两百多公里，3年多来累计行驶14万公里，但对于用车的费用他却从未向任何人提起。

往返奔波跑销售，阚阅心里明白，线下的市场打开了，线上市场也应该同步开辟。2018年，省委组织部组织开展“第一书记代言”活动。他暗下决心，互联网时代，网络是解决销售问题的好渠道，必须要做大黑山村的“品牌代言人”，把大黑山宣传出去！

说干就干，他注重丰富营销宣传手段，省市举办的“第一书记代言”展示会，他积极参加，冲在前排；学习外地的先进理念时，他不忘宣传本地产品。在磐石市一年一度的金秋丰收节上，他顶着细雨布置场地，以代言人身份披挂绶带发放传单，大力宣传本村产品。他自己建立微信平台，把大黑山的产品都“晒”出来，平台建立当天，阚阅的微信朋友圈被转发400余次，有70余人当天就通过微信下单购买。大黑山村农产品还进驻了磐石市的党建微商城，第一天的销售额就超过5000元。

■ 阚阅指导贫困户开展特色种植

自开展代言活动以来，大黑山村农产品销售额累计达到80万元，与活动前同比翻了一番，阚阅也成了名副其实的“网红微商”。大黑山村的木耳、蜂蜜、鸡蛋、芦笋远销四省三市，最远到达深圳。销售量上去了，这位“代言人”也更忙了，这边忙着送货，那边还教乡亲们如何封装快递进行发货。

在他的努力下，截至2018年末，大黑山村的集体经济年收入已达到40万元，贫困户村集体产业收益分红收入户均5495元，实现29户60人脱贫，贫困人口发生率降至1.7%，整村退出了贫困序列。

踏踏实实办实事，为群众排忧解难

阚阅深知，一个良好的生活环境，无疑是村民提高生活质量的根本要素。要想“美环境”，就要先“美思想”。他发动村“两委”班子成员挨家挨户动员，宣讲环境卫生的重要性。同时在全村创建、评选了25户美丽庭院、50户干净人家。如今的大黑山村，扔掉了过去贫穷落后、“脏乱差”的帽子，真正成了名副其实的美丽乡村。

每到汛期时，阚阅最担心贫困户的住房不牢固，多次冒雨到贫困户家查看情况，防止发生危险。汛期后，他又积极帮助申请危房改造补贴，逐户制订改造计划，监督改造落实，彻底解决了贫困户的后顾之忧。

贫困户吕志君左眼受伤失明，他多方协调找专家研究手术恢复视力的方案，和驻村工作队员一起日夜陪着老人住院治疗，帮着联系医院减免费用。最后，原来预计6万元的治疗费只花了6000多元。

阚阅的倾情付出，感动了村里的乡亲们。面对大家的感激之情，阚阅有些腼腆，他说：“能为村民做点儿力所能及的事，让每个村民过上幸福快乐的生活，是我最大的心愿，辛苦点儿、累点儿，值！”

（推荐单位：中共吉林市委组织部　中共磐石市委组织部）

马全，男，1974年10月出生，汉族，中共党员，本科学历，四平市交通运输局文明办公室主任、记者站长。2018年4月至今，任四平市铁东区叶赫满族镇英额堡村第一书记。曾获吉林好人、吉林省优秀青年志愿者、四平市优秀第一书记等荣誉。

用为民情怀书写扶贫担当

——记四平市铁东区叶赫满族镇英额堡村第一书记马全

2018年4月，英额堡村村民迎来了他们的第一书记。山路弯弯，星移斗转。几百个日夜过去，如今的英额堡村村民，已经离不开他们的“马书记”。

马全从交通系统的一名干部转变成山村脱贫致富的领路人。四季轮回中，他驻守乡村，躬身田野，开阔思路，多措并举，通过交通扶贫、产业扶贫、旅游扶贫、电商扶贫……一步步把小山村打造成为“省级美丽乡村”和“省级旅游扶贫村”。

精心谋划，交通畅通促脱贫

英额堡村地处半山区，距离市区62公里，全村辖区面积30平方公里，共5个自然屯，有890户3200口人，其中建档立卡贫困户53户112人。

俗话说，要想富，多修路。作为来自交通战线的第一书记，马全深知这一道理。驻村第一天，那条从镇里通往村里弯弯曲曲、坑坑洼洼的山路，便颠簸在他的心里。山路不长，但它阻挡了英额堡村致富的脚步。马全下定决心，必须修好这条村路，让英额堡村不再闭塞与贫穷。

■ 马全联系社会爱心组织捐献爱心童鞋

马全第一时间向四平市交通局反映村里道路的实际情况，得到大力支持。他亲自带领驻村工作队员，利用所学专业知识，全程免费提供公路施工技术，完成了全村5个屯10个社76处水泥路的设计工作。在马全的全程监督下，8.9公里的水泥路顺利完工。

路通了，心便敞亮了。朴实的山里人开始看好为他们修路的马书记。

就地取材，产业发展致富乡村

过去人们常说：人勤地不懒。但对于处在半山区、耕地不多的英额堡村来说，缺少的不是村民的勤劳，而是致富的产业。马全跑遍了全村5个自然屯，建设果蔬大棚，让绿色产业带富村民，是他经过考察找到的致富途径。

但是，产业发展首先遇到了土地流转问题。面对一些村民土地意识强、担心土地流转没饭吃的实际想法，马全同驻村工作队员、村干部挨家挨户做工作，晓之以理，动之以情，最终说服12户村民流转41亩土地，成功建成12座生态大棚。

为了解决大棚用水问题，马全反复向上争取，落实了15万元帮扶资金，打了5眼“扶贫井”。大棚有了，灌溉充足了，栽种的香瓜、西红柿长出了香甜的果实。2019年上半年，大棚种植香瓜收入已达15万元。第二茬西红柿已经栽植完毕，产量可达21万斤。

如今的英额堡村，生态大棚和光伏发电两个产业并驾齐驱，成为脱贫致富的支柱产业。光伏发电项目较好地发挥了脱贫产业的重要作用，从2017年7月并网发电开始到现在，发电已达66万度。两个产业每年创收30多万元，贫困户人均增收500元，为全村长远发展也打下了坚实基础。

马全还多次到市、区有关部门寻求帮助，把村级电商综合服务中心建立起来，一步步地完善运营。不到半个月的时间，他实地踏查整理了村里10个组的12个种类农特产品，并以图版的形式展示，吸引重庆市吉林商会、四平商会的会长到村里电商实体店参观考察。现在，村里的“咔咔脆”苹果、“叭叭地”大榛子、木耳、鸡蛋、葡萄、西红柿等农产品和村民手工编织艺术品，都通过电商服务平台销往全国各地，极大地解决了村民卖产品难问题，提高了村民收入。

旅游扶贫，带动乡亲早日脱贫

英额堡村拥有独有的文化遗产和自然资源，在八里堡北山上有一处新石器时代遗址，一直只在乡亲中口口相传。村里岭上还有鸡心果、榛子等特产，却始终没有走出山里。这些都可以充分利用起来进行开发。

马全白天走屯入户，走访村民，听取大家的意见建议；夜深人静的时候，谋划乡村旅游扶贫发展蓝图。他规划设计的旅游发展方案报给旅游部门后，得到了铁东区旅游局的高度关注。2018年7月，区旅游局领导一行5人前来考察旅游线路，研究采摘路线，并达成共识。2018年10月，具有6000年历史的八里堡北山新石器时期遗址立碑，标志着英额堡村走上“文化+旅游”的发展道路。

目前，村里已有10个乡村旅游资源点进入开发阶段。2019年初，在省委组织部、省委宣传部等部门联合主办的“党建引航脱贫攻坚暨第一书记代言展示会”上，马全不仅为村里销售“咔咔脆”苹果和大榛子2000多公斤近3万元，还多次上台推介村旅游资源。2019年6月，他还把村里手工艺品、鸡蛋、“玖月玖”牌酒带到四平市青年电商助力精准脱贫农特产品展示展销会，帮助推介销售。

志智双扶，激发内生动力

马全深知，扶贫的关键是志智双扶。71岁的贫困户林九江自食其力，自己动手扎刷帚。马全为鼓励他，主动承担起销售任务，积极联系单位职工、亲朋好友和社会爱心人士购买。2018年，共为其销售近2000把刷帚，获利3000多元。今年初，马全又帮助销售笤帚总计近万元。最近林九江购买了一头乳牛、两头仔猪。对林九江的帮扶和鼓励，在村里起到了很好的引领作用，激发了全村47户贫困户脱贫致富的积极性。

在树立贫困户林九江致富典型后，马全又培养了八里堡屯身残志坚、自强自立的残疾人孔令贤这一典型。2019年6月17日，四平广播电视台、四平日报记者专门到医院采访手术住院的孔令贤，当时，孔令贤的手工艺品正在四平参展。马全想尽各种办法，帮助孔令贤销售手工艺品15件。两年来，他主持了多场扶贫招聘会，协调四平多家企业为贫困劳动力提供26个就业岗位。

惜老怜贫，解决百姓疾苦

贫困户陈玉双双侧股骨头坏死，没有劳动能力，生活极为贫困，妻子在孩子三岁时跟他离了婚。马全走进陈玉双家中，看到破旧的小屋内满是灰尘，家里没有一样像样的家具。他马上联系了四平雷锋团团长、雷锋的哥车队想办法帮扶。在他的带动下，团员们捐款捐物，四次带米面油来到陈玉双家中看望。陈玉双非常感动，紧紧拉住马全的手说：“我家这么穷，大家不嫌弃我，我已经感觉很幸福了，你们还帮我这么多，真是太感谢了！”

村里一名8岁特困女孩郑彤因患过敏性紫癜住院。郑彤父亲残疾、母亲改嫁，家里生活困窘。马全多方做工作，与爱心团体以及自己的老同学老朋友联系，筹集捐款2万多元，帮助郑家渡过了难关，使孩子的病得到了有效治疗。此事在村里传开后，村民都说：“马书记是真正为民办实事的好书记！”

驻村以来，马全坚持做到人到、心到、感情到。时间长了，村里困难群众遇到难题，第一个想到的就是他。有的村民因病致贫，没有劳动能力，他便想方设法拉来社会赞助；有的村民想贷款发展养殖业，他联系多家银行，最终帮助7户有贷款需求的村民实现愿望；有的邻里发生纠纷，他第一时间去给调解；他鼓励患病的困难户战胜疾病，感动得老大娘掉下了眼泪；他经常看望老共产党员王东河，送一枚党徽让他戴在胸前鼓励他；他千叮咛万嘱咐患有股骨头坏死、肝硬化的贫困户刘海丰、翟冠忠，不要饮酒，珍惜身体……

一件件小事，让他和村民的感情越来越深，大家都把他当成了自己的亲人。大年三十晚上，马全接到最多的拜年电话是贫困户们打来的，唠的全是知心话。

“百姓小事，我的大事。”这八个字，端端正正地写在马全的工作日志封面，更深深地刻在了马全的心里。

（推荐单位：中共四平市委组织部　中共四平市铁东区委组织部）

王冬力，女，1976年10月出生，汉族，中共党员，本科学历，双辽市互联网信息中心主任。2018年4月至今，任双辽市东明镇庆祥村第一书记。

躬身浇开幸福花

——记双辽市东明镇庆祥村第一书记王冬力

一颗心的驻守，带动了一个村子的发展；
一份情的付出，推动着一个村庄的前进。

2018年4月，王冬力带着真情、扛着责任，踏上了庆祥村这方热土，成为这个村的驻村第一书记。

从那一刻起，外表柔弱、内心坚毅的她，在脱贫攻坚的道路上倾心帮扶，倾情奉献，成为庆祥村百姓脱贫致富的主心骨。村民们对美好生活的憧憬，也在她的带领和努力下，一个一个变成现实。

知民情，帮扶帮到“点子上”

刚到庆祥村时，村民们向王冬力投来怀疑的目光：这个城里来的女干部到底中不中？面对村民们的不信任，外表柔弱的她暗下决心：不当“走读生”，就在这里扎根安家，不干出个样儿来决不“收兵”。

为了尽早熟悉情况，王冬力进村当天，就在村里转了一大圈。可是，眼前的情景却让她倒吸一口凉气：村民家房前屋后，垃圾成堆，杂草丛生，牲畜粪便随处可见，蚊蝇到处乱飞。在刺鼻的臭味笼罩下，整个村子没有一丝生机。

“这是什么味道？”王冬力皱着眉头问村书记，村书记告诉她：“村里养猪、养牛，这是粪味儿。”

基础设施薄弱，环境脏乱差，乡村还怎么振兴？王冬力意识到，庆祥村要发展，要改变落后面貌，必须从整治村屯环境入手。

可是她这个想法一提出来，立即遭到村干部和村民的强烈反对。养殖业是村民脱贫致富的“金饭碗”，砸不得呀。可天天生活在这种刺鼻的臭味里，不但村民的幸福指数大打折扣，也严重影响村容村貌，怎么办？

面对困难，王冬力没有退缩。她积极查阅资料，请教专家，最终拿出可行性方案。她与村干部一起，挨家挨户做工作，帮助养殖户改进圈舍，由一家一户自行排放粪污改为集中处理。同时，她协调双辽市畜牧局修建了占地330多平方米的有机肥堆放点和1680立方米的储尿池，集中储存禽畜排泄物，发酵后还田，既提高了经济效益，又实现了生态良性循环。

禽畜粪便的问题解决了，她又挨家挨户动员村民清理庭院里的杂物，做好美化绿化。在她的带领下，村民们对道路两旁的各种路障和多年沉积的8000立方米垃圾进行了彻底清理，并栽种梧桐、金叶榆、海棠、糖槭、鸡心果、山楂、南果梨等树木总计2.4万余株；在各家房前屋后种植万寿菊、步步高、芨芨草等美化花草，既美化了环境又净化了空气。

如今的庆祥村，家家户户门前屋后整洁漂亮，道路两侧的各种花卉竞相绽放；村里还修建了文化广场，安装了健身器材，村民的业余活动丰富多彩，文明和谐的民风乡风让庆祥村一举摘得“省级文明村镇”荣誉称号。

村子美了，日子更甜了，村民们看这个女书记的眼神也在悄悄地发生变化。看着她为村民办了一件件实事，用心改变着一方水土，大家都觉得有了“靠山”，和她走得更近了。

解民忧，惠民落到“实在处”

“或许只是装了一扇窗，或许只是修了一面墙，但却能让贫困群众感受到党的温暖和关爱，重新拾起生活的信心。”这是王冬力帮扶困难群众的切身感受。正是秉持这样的信念，她用真心真情改变着村子的落后面貌，改变着贫困群众的生活，温暖着贫困群众的心。

贫困户吴博从小患有严重肌无力症，今年12岁的他体重140多斤，生活不能自理。父母离异，爷爷生病，单靠年迈的奶奶照顾，生活十分艰难。得知这一情况之后，王冬力组织爱心人士捐助衣物，还帮他联系双辽市甘露爱心协会每月捐助200元生活费，并为行动不便的小吴博买来一台轮椅。收到善款的小吴博，感动得热泪盈眶，坚持用自己尚能动的右手，在收据上歪歪扭扭签下自己的名字，并写下两个重若千钧的字：谢谢！

贫困户任洪文家徒四壁，女儿考上了大学，但他却认为，一个女孩子早晚要嫁人，念不念书没啥用。得知任洪文有这样落后的思想观念，王冬力便和驻村工作队员一趟一趟往他家里跑，苦口婆心地劝说，告诉他现在的教育扶贫政策很优厚，学费、杂费都可以减免，还有助学金，要把眼光放得长远些，孩子上了大学

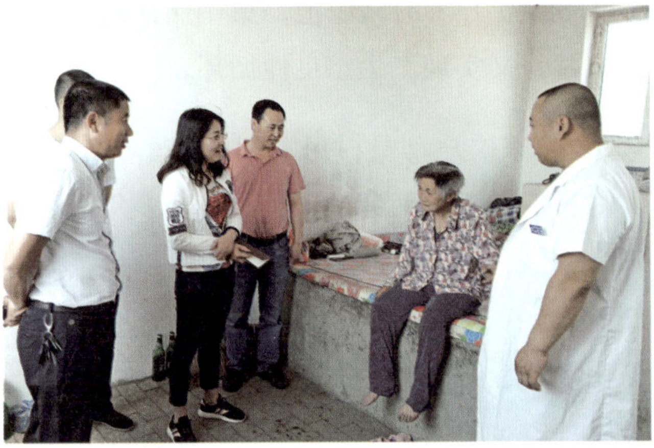

■ 王冬力看望生病的贫困户米兰芳

可以通过知识改变家庭的贫困状况。三番五次地劝说，任洪文被打动了，他不但送孩子去大学念书，自己也重新拾起生活信心。如今，任洪文找到了致富门路——养殖生猪，闲下来的时候还到外面打打零工，日子逐渐好了起来。

访贫因，挖穷根。为了这个简单而又不简单的目标，王冬力把一件件实事好事办到了村民的心坎儿上，把贫困百姓引到幸福富裕的大道上。

她用转移就业助力脱贫，一次性争取短期（60天）用工岗位50多个，为50多名村民提供就业增收机会。

她用种植业结构调整助力民富，传授农业科技，让农户尤其是有劳动能力的贫困户掌握科学种植、养殖技术，实现增收致富。

她发展特色产业助农增收，通过发展养殖合作社、种植合作社、生猪养殖等项目，引领贫困户全部加入合作组织，让合作社成为农民脱贫增收的主动力。

目前，全村规模养殖户达10户，家庭养殖户达120户，生猪存栏1700余头，年出栏5000余头。

“王书记把我们村当成自己家，把村民的事情当成自己的事来办。现在俺们村老少爷们都很有信心，干劲儿十足！”百姓的这些话，是对王冬力最好的褒奖，也成为她带领村民不断前行的巨大动力。

舍小家，驻村驻到“心坎儿里”

脱贫攻坚工作是战场也是考场，锤炼的是党员干部的党性，彰显的是党员干部的责任与担当。

工作中，王冬力是一名驻村女书记；生活里，她也是孩子的母亲、丈夫的妻子、公婆的儿媳，更是父母的女儿。家，有着千丝万缕的亲情，也有着千头万绪的琐事。但是，从走进庆祥村的那天开始，王冬力就成了“不顾家”的女人。

2018年5月21日，王冬力正带领村民们建设有机肥堆放点项目，突然接到家人的电话，年迈的父亲突发大面积脑梗，生命垂危，急需住院治疗。听到这一突如其来的消息，王冬力心如刀绞，养育了自己的父亲，此时多么需要她的陪伴和照顾。可是正在施工的这个扶贫项目，对村民致富多么重要。施工现场一大摊子事，如果她现在离开，不知要耽误多少事。她只是简单嘱咐家人几句，赶紧送父亲去长春的医院就医，然后又投入到项目施工当中。

全身心投入脱贫攻坚的王冬力顾不上老人，也同样顾不上准备高考的儿子。有一段时间，孩子时常念叨说肚子疼。她并没往心里去，可是孩子肚子疼得越来越厉害，她就打电话让公婆带孩子去医院检查，结果是得了急性阑尾炎，需要住院治疗。和天下所有的母亲一样，她也想陪在孩子身边，可是村里的事更急，哪个也放不下。儿子一直吃药缓解病情，后来严重了就自己去诊所打吊瓶，打完再回学校上课。直到最后实在疼得挺不住了，才不得不去医院做了手术。手术之后，儿子醒来看见妈妈的第一句话却是：“妈，你咋没去下乡啊？”

为了村民早日过上幸福生活，王冬力做了一件又一件实事、好事，而对家人却有着太多的愧疚。每天从早到晚，她仍旧在规划村里的工作：农业综合开发高标准农田项目要做；协调资金安装路灯要做；投资40万元的森林小镇建设要做；还有1000余株鸡心果扶贫果园要建设；庆祥村村部需要扩建；利用测土配方施肥技术，每公顷为农民节约660元的黑土地保护项目要开展……

在她的不懈努力下，庆祥村正悄然发生变化。看着村民们幸福的笑颜，王冬力更加热爱脚下的这片土地和这群可爱的人们。

她总是自豪地说：“我是庆祥村村民，庆祥村就是我的舞台。我一定尽我所能，让庆祥村成为辽河畔的一颗闪亮明珠。”

（推荐单位：吉林省妇女联合会　中共双辽市委组织部）

卢立新，男，1975年4月出生，汉族，中共党员，本科学历，双辽市旅游发展服务中心副主任。2015年6月至今，任双辽市双山镇多稼村第一书记。

俯下身　沉下心　扎下根

——记双辽市双山镇多稼村第一书记卢立新

从宽敞明亮的办公室走进田间地头，在基层一线，卢立新用实际行动实现身份的转换。驻村4年多的时间，他心系百姓、埋头苦干，抓党建、带班子，抓产业、谋发展。如今，从村民脸上时刻洋溢的笑容，就可以感受到村里发生的巨大变化，这也是卢立新几年来辛勤努力成果的最好体现。

走村串户察民情，解决百姓困难是关键

2015年6月，当卢立新踏上多稼村的土地时，内心百感交集：他是农民的儿子，从小就体验到了农民的辛苦，如今带着一份沉甸甸的责任，又回到

了熟悉的土地。看着贫穷落后的村庄，男儿的责任感立即被点燃。要让这片贫困的土地焕发出生机，让家家户户过上富裕的生活，成为他奋斗的目标。

贫困户的精准识别是开展扶贫工作的关键，也是基础。卢立新挨家挨户地做调查、摸底子，一项一项地核对贫困户的信息和收入，把每家每户的实际困难、需要解决的问题都认真记录下来。为了便于贫困户与自己联系，卢立新设计印制了"双山镇多稼村便民联系卡"，把自己的姓名、职务、联系方式等信息写到卡片上，在走访的过程中直接发到各家各户。用了一周的时间，卢立新走遍了全村的34户贫困户。不仅如此，他又走访了村干部、党员、养殖大户、致富能手，了解村里的情况，利用休息时间到田间地头、村头巷尾，和村民们聊天，收集各种信息。

"把民情记在本上只是形式，解决问题、记在心里才是目的。"这是卢立新写在工作日志扉页上的一句话。低下头，俯下身，只要是群众的真实需要，他都用心用情去做，从日常的点点滴滴赢得群众的信任和支持。

村民赵建国家的房子漏雨，当时还没赶上危房改造。了解到情况后，卢立新自己出钱购买了塑料布铺到房顶；贫困户刘玉海、杨凤侠老两口儿都患癌症，他隔三岔五就买些罐头、水果、鱼肉去看望老人，询问老人的身体状况；卢立新经常去看望的还有贫困户李秀芹、武振阳老两口儿，他们都患有严重的脑血栓、小脑萎缩等疾病。

有一次，武振阳老人不小心摔倒，把手摔破了，卢立新就到商店买了罐头和一箱大爷爱吃的方便面送到家里，恰巧老人的女儿从外地回家看到这一情景，感动地说："有你们照顾，我在外面放心多了。"看到村里的垃圾箱不够用，卢立新就自掏腰包购买了两个铁皮垃圾箱，方便附近的村民倾倒垃圾……

一桩桩、一件件，都帮到了村民的心坎儿上，卢立新在与村民们逐渐熟络起来的同时，也和村里的百姓建立了深厚的感情。如今提到卢立新，村里的百姓都竖着大拇指说："卢书记把这个村当自己的家，把我们村民看成自家人，没架子，能吃苦，是替老百姓办实事的好干部。"

务实创新抓党建，带不走的班子最实在

抓好农村基层党建工作，对脱贫攻坚有着至关重要的作用。为此，卢立新决定把多稼村的党员都调动起来，充分发挥模范带头作用，逐步激发农民群众的创新活力。

但是多稼村党建工作的现实情况，却给卢立新浇了一盆冷水：党员队伍结构不合理，20名党员中60岁以上的占了一半，组织活动开展得较少。

面对这种情况，卢立新从制度建设入手，规范工作流程，坚持完善村务公开、党务公开、财务公开、民主监督等规章制度，完善村“两委”议事规则、决策程序。指导村支部注入新鲜血液，把发展对象重点放在种植、养殖能手，致富带头人，返乡农民工身上。先后发展了3名党员，培养了6名积极分子，还把5名工作能力强、带动作用突出的年轻干部选进村“两委”班子。

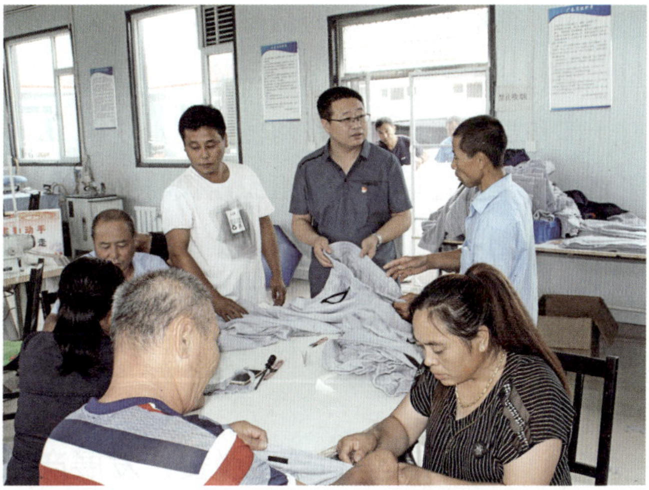

■ 卢立新在村扶贫车间了解生产情况

同时，卢立新注重在党员教育上下功夫，开展组织生活，设计党员学习活动。通过上党课、集中学习、座谈活动、知识竞赛以及党员义务劳动等形式，把村干部和党员带动组织起来，增强了村党组织的工作活力。

如何让群众听支部的话，跟支部走，成为卢立新思考的问题。为了把村“两委”班子威信树立起来，把服务群众的能力提升上去，一有机会，卢立新就组织村里的党员干部出去学习，开眼界、换思想，鼓励他们敢闯敢试。争取来的项目和资金，让村干部出面向群众宣布，带着村民们实施推进。一来二去，村干部的思路开阔了，工作也更有底气，村民也有了主心骨。

真抓实干惠民生，改善基础设施不容缓

“村里的环境越来越好了，基础设施更完善了，道路也越来越平坦宽阔了，路都通到我们家门口了！”谈起村里翻天覆地的变化，村民脸上满是掩不住的喜悦。

但是，卢立新当初来到多稼村时，村里却连一条像样的水泥路都没有，更别提文化活动广场了，村里的环境卫生更是脏乱差。

为了彻底改善村里的基础设施建设，整治村容村貌，卢立新协调相关单位，为村里修建了13公里的水泥路和4000多平方米的文化广场。他又带着村干部和群众在主要道路两侧栽植景观树、李子树和观赏花卉，修筑并清理了路边沟，设置垃圾箱，组织居民将柴草垛入院堆放。利用帮扶资金修筑路边排水沟，增设主路灯，安装健身娱乐器材，丰富图书室书籍，协调添置电脑、打印机、档案柜等，提升了村部办公条件。卢立新自掏腰包2000元在村主路两侧围墙上绘写扶贫标语。

因势利导促脱贫，发展产业项目见实效

发展产业是实现脱贫的治本之策。经过几年的努力，眼下的多稼村产业项目已经逐渐发展起来，贫困户的腰包也鼓了起来。

根据当地农民育肥羊养殖经验丰富的特点，卢立新重点发展养羊业，鼓励村民加入养殖合作社。如今，发展起来的合作社，每年都能有4万元养羊分红款发放给贫困户。

同时，与村“两委”班子成员商量后，他帮助村民开发采摘园、垂钓园和农家乐项目。目前，家庭农场的垂钓园已经开始营业。他还积极帮助贫困群众联系外出务工，多稼村现在每年的外出务工人员50多人，人均收入2.8万元。积极推动落实村级光伏电站项目，年8万余元分红款已经发放到群众手里。卢立新还协调四平烟草公司、交通银行出资27.5万元建起了扶贫车间，引进长春客商发展服装加工项目。目前，已吸纳53人就业，其中贫困户

15人，每人每月增收2000余元，村集体每年增收2万元。

卢立新为多稼村带来了实实在在的改善，他无愧于“第一书记”的称号。然而，卢立新也深知，自己愧对父母和妻子。

2017年迎国检任务繁重，为了不让卢立新分心，妻子把自己的手术推迟到国检结束后进行。2018年，母亲因腿部骨折、脑梗死两次入院，卢立新只在手术时请了半天假，白天他依旧坚守工作岗位，让尚在康复中的妻子替他尽孝在母亲床前，而他，只能在深夜面对母亲默默流下心疼悔愧的泪水。2019年，母亲发生心梗的危急时刻，他正在多稼村召开组织生活会，接到弟弟告知母亲病危的电话，他的心就如同被撕碎了一般，他一边开车一边在心里默默地祈祷：妈，您一定要挺过来啊，儿子还没有给您好好尽孝呢！老天眷顾，母亲经过溶栓手术，终于抢救过来了。卢立新面对憔悴虚弱的母亲说：“妈，你培养我不容易，这回我不回村儿了，好好伺候你。”母亲攥着他的手说：“儿啊，妈这儿没事，你还是回去好好为村里的百姓干事儿吧。你好好工作，妈就开心了……”

驻村4年，卢立新悟出一个道理：为贫困户做了多少实事，对贫困群众就会增加多少感情。对于未来，卢立新说多稼村还要加快“美丽乡村”建设，努力建成远近闻名的模范村、富裕村。

（推荐单位：中共四平市委组织部　中共双辽市委组织部）

吕中美，女，1978年11月出生，满族，中共党员，本科学历，伊通满族自治县粮食和商务局信息化办公室主任。2016年7月至今，任伊通满族自治县伊丹镇六家村第一书记。曾获伊通满族自治县优秀第一书记、伊通好人、伊通满族自治县最美职工等荣誉。

贫困群众的贴心人

——记伊通满族自治县伊丹镇六家村第一书记吕中美

在伊通满族自治县伊丹镇六家村村委会的墙上，悬挂着两面锦旗，上面分别绣着“和谐共建献真情，扶贫帮困暖人心”“助学帮困，奉献爱心”的字样。

两面锦旗是六家村村民送给驻村第一书记吕中美的，这里面饱含着村民对她的认可和感激之情。

走村入户，道尽千言万语

2016年7月，经组织部门选派，吕中美担任六家村驻村第一书记。驻村后，她马不停蹄地走访贫困户，了解他们的困难和需要，结果却被“泼了冷水”。

六家村土地肥沃，自然条件良好。通过深入调研，吕中美发现，种植结构单一是导致村民收入水平上不去的重要原因。要想脱贫致富，发展特色种植业是关键。于是，她利用各种时机、各种场合，动员村民们转变思想观念，种植经济作物。

“驻村驻村，走走形式镀层金，你走了百姓还得重新混。”村民对她的到来不屑一顾。“种啥都不如种苞米。”如何把深陷贫困旋涡里的村民从思想僵化中解放出来，让他们尽快跟上现代农业发展步伐?

吕中美找到当地村干部，虚心请教如何与村民打交道。村干部告诉她：“要想让贫困户听进去话，得学会和他们唠嗑，唠透了，就什么都说了。”于是，吕中美挨家挨户地走，不厌其烦地讲政策、摆事实、讲道理，用真心换理解，用真情换支持。

转变观念，抓住党员干部是关键。她从启发党员入手，首先把党的政策传播到全村30名党员心里。她充分发挥党员“传声筒”“扩音器”的辐射作用，以点带面宣传国家的各项惠农政策。

她对党员们说：“改变乡村落后面貌，发挥党员作用十分重要。咱党员守家待地，了解贫困户情况，说话也接地气。国家给咱的农业补贴很高，种黄豆、种中药材不但能卖上好价钱，还有补贴。和老百姓说说这些事，只要大家把群众利益放在心里，六家村发展就有希望！”

六家村有380户人家，1515口人。吕中美坚持多听多看多走访，她带领党员干部一家一户地走，一家一户地说，用千言万语打动村民，用真情说服百姓。召开产业结构调整会议，面对面与村民交谈了解种植意愿。向群众讲清“为什么调减玉米、改种经济作物的收益如何”等问题，彻底消除村民思想上的顾虑与担忧，提高群众参与的积极性。她根据每名党员自身特点，为党员设岗定责。党员走在前，群众跟着干。老党员许凤山，为人热情好客，办事稳重，人缘也好，就给他设立了政策宣传员的岗位。年轻党员王辉，头脑灵活，办事利落，交给他带头致富创业的任务。她要求每名党员以身作则，八仙过海，各显其能。

行走村屯，吕中美传播新思想，贴近了百姓，走进了人们的心窝。

谋求发展，历尽千辛万苦

群众观念转变了，但如何发展更重要。为此，吕中美殚精竭虑，夜以继日地为贫困户谋划产业发展项目。

吕中美到福建宁德学习当地先进发展方式。她觉得，宁德赤溪村利用村级资源禀赋优势，盘活村级资产，使资源变资产，资金变股金，农民变股民的发展模式，是一条很好的路子。于是，她把赤溪村“三变”改革的这种模式应用到了六家村，充分发挥村级能人作用，培养致富领军人物，借助外力广谋出路。结合本村现有的28座蔬菜大棚项目，采用“合作社+基地+贫困户”模式，使18户贫困户42人享受分红。同时，又规划建设了20座大棚，采取资源变资产的模式，提高六家村的集体经济收入。

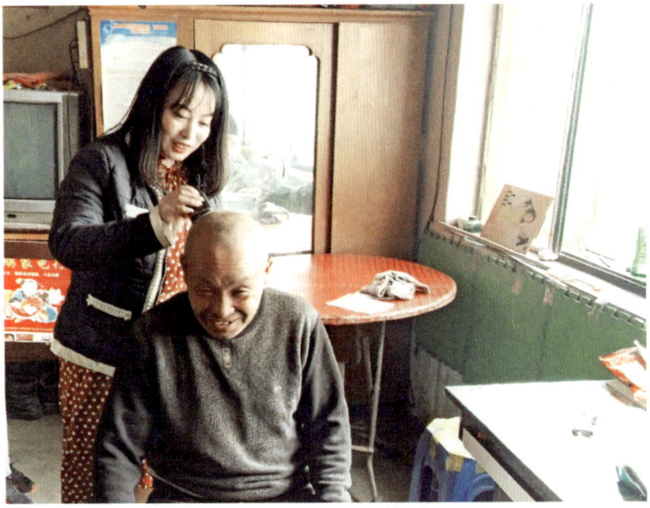

■ 吕中美入户走访贫困户李洪江，为他理发

村妇联主席王艳玲，家里有1台玉米脱粒机，吕中美动员她把玉米脱粒项目扩大，为贫困户提供劳动挣钱机会。在吕中美的鼓励和帮助下，王艳玲添置了3台脱粒机，为5个贫困村民提供了劳动岗位。

党员张振利是村里的养鹿大户，吕中美找到他说：“你是党员，不能只顾自己，要带动贫困户共同把养鹿项目发展壮大起来。”张振利没有推辞，帮助两户贫困户搞起养殖。针对有养殖能力的贫困户，吕中美多方筹措资金，为每户提供价值1000元的育肥猪，增加贫困户收入。

运输能手李德文，收入稳定，吕中美动员他带动几个年轻劳动力，一起搞运输。李德文爽快地答应了，已经帮助5户贫困户做起了运输生意。

如今，六家村的每个屯都有了致富项目带头人和致富项目。

但这样的帮扶还远远不够，吕中美要拓展更广阔的致富空间。她积极组织村民开展学习，通过县里举办的新型职业农民培育工程和农民专业技能培训，帮助村民争取更多名额，鼓励村民主动争取机会学习创业。

如何才能拥有本村的产业项目和产品品牌，从而提升贫困户持续增收的能力？

吕中美多番考察，努力寻找合作伙伴，最终她将目标锁定在县里的一家大米企业。这家企业生产的“伊通河”牌大米品质好、口感佳，有着很好的市场潜力。通过多次洽谈，吕中美与这家企业达成合作意向，她为大米做代言，帮助企业宣传推广产品，获得的销售提成给村集体和贫困户分红。她带着“伊通河”牌大米先后参加了省、市相关部门举办的3次展销会，线上线下销售额达50万元。2018年，全村人均收入达到12000元，比2016年人均增收4000元。

这样的销售业绩，给吕中美带来了信心和底气。米业企业负责人感激地说：“第一书记能为我们的产品代言，这是我们企业的荣耀，我们一定全力支持吕书记，支持六家村，尽企业最大努力帮助村民创业致富！”除了之前定好的分红外，这家企业还承诺持续扶持村里贫困户发展养殖项目，目前已经累计投入扶持资金1.3万元。

帮贫济困，想尽千方百计

为了让六家村村民更加幸福美好地生活，吕中美一直努力着。那些贫困家庭的琐事、难事，吕中美绞尽脑汁，一桩桩一件件地加以解决。

47岁的村民李立强身体有残疾，妻子有精神疾病，女儿正在读高中，一家人生活十分困难。吕中美得知这一情况后，积极联系爱心企业筹集善款10万元，为李立强家援建了一所安全住房。喜迁新居的那天，李立强一家人别提多高兴了。为了给李立强的女儿攒足学费，吕中美多方游说。她的真诚打动了一家农业物流有限公司的董事长，为孩子捐助了1万元。

得知贫困户许凤林的女儿斐斐考上了大学，吕中美又积极协调吉林省红十字会，为她争取到3000元助学金。2018年夏天，吕中美和丈夫领着斐斐去吉林省红十字会办理助学手续。到长春时已是中午，夫妻俩请斐斐吃了午餐。斐斐感激地说："我知道您帮我争取来这笔助学金非常不易，我一定好好学习，不辜负您的期望。听说您的儿子正在读高二，快考大学了，您别光为我们着想，也要照顾好自己的儿子。"听了这番话，吕中美的内心感到无限欣慰。

这一年，她还协调县慈善总会，分别为4个贫困户家庭的孩子每人争取助学金1000元。她对孩子们说："我们的家庭虽然贫困，但精神不能贫困。要好好学习，回报社会。"

贫困户杨义患有先天性小儿麻痹症，从小就失去了劳动能力。他一个人独居，只能靠4亩农田的微薄收入维持生活。吕中美帮助他把田地租出去，又协调伊通满族自治县大孤山粮食收储库，为他捐助1万元钱，解了他的燃眉之急。

三年的时光，吕中美把满腔热忱都倾洒在这片黑土地上，用实际行动一点一滴改变着六家村的面貌，赢得了群众的认可，成为群众的贴心人。

（推荐单位：吉林省妇女联合会　中共伊通满族自治县委组织部）

刘宇恒，女，1986年9月出生，满族，中共党员，本科学历，伊通满族自治县司法局河源法律服务所职员。2017年8月，任伊通满族自治县二道镇石场村驻村工作队员，2018年4月，任石场村第一书记。曾获四平市五四青年奖章、四平市劳动模范等荣誉。

一心为民的“小刘书记”

——记伊通满族自治县二道镇石场村第一书记刘宇恒

宽敞笔直的水泥路，干净整洁的新房子，设施齐全的文化广场，金黄滚滚的田间麦浪，笑意盈盈的父老乡亲……

走进现在的石场村，映入眼帘的是一幅新农村建设的美好图景：贫困村脱贫成果显现，村民年人均收入近万元，生活越来越富裕；村容旧貌换新颜，到处一派欣欣向荣的景象；村民文化生活丰富多彩，文明和谐之风吹遍乡野……

“多亏了小刘书记来到俺们村，俺们才有了今天的幸福生活。”“小刘书记是我们的致富领路人，跟着她干准没错……”在石场村，这位让村民交口称赞的“小刘书记”，就是驻村第一书记刘宇恒。

2018年4月，刘宇恒被组织选派担任石场村第一书记。从上任那天起，她就把石场村当成自己的家，把村民当成自己的亲人，从大处着眼、从小事着手，抓党建、抓环境、抓项目、抓民生，用自己的不懈奋斗改变着石场村。

抓党建，建强战斗堡垒

“唱支山歌给党听，我把党来比母亲……”嘹亮的歌声在石场村会议室里不断回荡，这是刘宇恒正在组织党员开展支部活动。

“推动村里各项工作发展，就必须发挥村党支部的战斗堡垒作用，必须发挥党员的先锋模范作用。”这是刘宇恒到村任职后的第一感受。

为了切实提升党员思想觉悟，她积极组织党员干部学习党的十九大精神和习近平新时代中国特色社会主义思想，严格落实“三会一课”、主题党日等组织生活制度，给党员上党课，找党员谈心谈话。同时，她抓住“五一”“七一”、国庆等重大节日，组织重温入党誓词，举行升国旗仪式，开展“我是党员我骄傲”“党员心向党”等一系列主题活动，使党员的理想信念进一步坚定，为人民服务的宗旨意识不断树牢。

在此基础上，刘宇恒积极向派出单位和相关部门协调资金，对村级活动场所进行修缮，增设党支部办公室、党员活动室等场所，为组织生活的正常开展提供有力保障。

抓产业，带领村民共同致富

“只有实实在在为百姓办实事，他们才会信任和支持我，我才能真正对得起‘第一书记’这个称号。”刘宇恒简单朴实的话，道出了她驻村工作的初心。

脱贫致富，产业先行。石场村的大果榛子过去一直处于低端销售模式，销售成了摆在村民面前一条无法逾越的“鸿沟”。

为了改变这一现状，刘宇恒以第一书记的身份，为本村大果榛子代言，通过报纸、电视、网络等媒介进行产品宣传，促进产品销售。她带着大果榛子产品参加了吉林省第三届“孕婴童”等多个博览会、展示会，拓宽销售渠道、提升产品影响力的同时，也直接促进了大果榛子的销售，让村里百姓看到了种植大果榛子的美好前景，坚定了产业脱贫的信心。在省委组织部、省委宣传部等多家单位联合举办的“党建引航脱贫攻坚暨第一书记代言展示会”上，她以优异的销售业绩荣获“十佳销售奖”。

如何尽快让石场村步入现代农业发展轨道？这是刘宇恒到任后一直思考的问题。经过考察，她发现，农民依托本地资源建立起来的各类种植、养殖专业合作社，把广大农户组织起来，实现“抱团发展”，通过实现科学的规模经营和规范管理，增强市场竞争能力，成为农民增收致富的重要渠道。刘宇恒以市场为导向，以扶持种植、养殖大户为突破口，紧紧抓住现代农业体系的关键环节，加快产业结构调整，培育壮大了养牛专业合作社、中药材种植合作社、大果榛子种植合作社；重点培养创业致富带头人，组织他们到发达地区学习实用技术，带动贫困群体脱贫致富。

在刘宇恒的帮助下，7户残疾人贫困户在自己家院子里种植了药材百合，6户贫困户养起了鸡雏、鹅雏……

乡亲们看到这种情景，也纷纷找她：“刘书记，我们能干点啥赚钱？”

“不仅要让贫困户脱贫，也要让乡亲们一起富裕起来，这才是我努力的方向和目标。”刘宇恒坚定地说。为了带动村民共同致富，刘宇恒先后到各地考察了黑玉米、中药材、高粱酒、大豆油等多个项目。在她的帮助下，村民崔洪海成立了家庭农场，种植100亩中药材，并和一家药材市场签订了销售订单。

崔洪海开心地说：“多亏了小刘书记为我跑前跑后，带我走上增收路。”

村民们也纷纷竖起大拇指：“能过上好日子，走上致富路，多亏了小刘书记，她是我们致富的铺路人。”

抓民生，维护群众利益

2018年8月13日，一场百年不遇的大雨骤然而至，石场村吉炮沟屯15户村民家中受到不同程度的冲泡。得知情况后，刘宇恒凌晨四点就来到吉炮沟屯，经实地勘察，发现这场灾害是村里新修的涵洞淤堵、排水不畅所导致的。这条路已经修好很多天了，重新改建难度很大，但如果再遇到大雨还会给老百姓造成危害。

■ 刘宇恒为贫困户送去鸡雏

为了彻底排除隐患，刘宇恒立即奔往交通局，从局长到副局长，从设计单位到施工单位，反反复复十余次沟通协调，最终使得施工单位对涵洞进行重新改造。新的涵洞修好了，刘宇恒悬着的一颗心才放下。

群众利益无小事。刘宇恒始终本着为人民服务的宗旨和初心，坚持把每一件小事做实做好。

贫困户郝万春家的房屋漏雨了，刘宇恒找来瓦匠给她维修房屋，把院子重新铺上细沙；贫困户梁万财家的门锁不好用，她找人去给修理；村里贫困老人出行不便，想要去银行取低保金、取补助款，她都帮忙办理……

一分耕耘，一分收获。刘宇恒的努力得到了群众的广泛认可和好评。

抓环境，提升百姓幸福指数

刚到石场村时，村里各项基础设施残破落后，却没有资金修缮。为了改善村里办公条件，刘宇恒向上级部门争取到资金5万元，重新修建了村部会议室；她自掏腰包购买了电脑、打印机、档案柜、桌椅等办公用品；为解决村民出行不便问题，她组织村民新修水泥路6.4公里，水泥路面硬化8.8公里；她还争取项目资金13万元，修建了1100平方米的文化广场、120米的法治文化长廊……

为打造美丽家园，刘宇恒从改善农村居住环境入手，组织村民清理陈年垃圾，先后建立垃圾处理点3处，出动铲车清理路边沟柴草、粪堆，组织专人治理村屯环境卫生。共清理垃圾62吨，修筑路边沟渠452延长米，切实改善了村屯环境卫生。她还组织石场村驻村工作队及帮扶责任人，每月开展两次“六干净一整齐”活动，帮扶引导贫困户打扫庭院卫生。一系列活动的开展，极大地改善了贫困户的生活环境，提高了贫困户的幸福指数。

环境美了，人也精神多了。村民们都说：“现在，下雨天再也不用穿胶皮靴子了，健身锻炼也有了好去处。村子变美了，环境变漂亮了，我们心里也敞亮多了。”

（推荐单位：中共四平市委组织部　中共伊通满族自治县委组织部）

孙海洋，男，1983年8月出生，汉族，中共党员，本科学历，梨树县委组织部党员干部远程教育中心宣传科科长。2015年6月至今，任梨树县蔡家镇姚家村第一书记。曾获吉林省脱贫攻坚贡献奖、四平市十大杰出青年、梨树县优秀第一书记、梨树县脱贫攻坚工作先进个人等荣誉。

捧出一片真心助脱贫

——记梨树县蔡家镇姚家村第一书记孙海洋

他把背影留给深爱的家人，走向父老乡亲；

他把汗水洒向这片土地，用脚步丈量扶贫之路。

几年间，村民收获了累累硕果，他也收获了浓浓乡情。

他就是梨树县蔡家镇姚家村第一书记孙海洋。

勇挑担子蹚路子

一头扎进姚家村的孙海洋，面对的扶贫工作与想象中的却大不相同。

本打算放开手脚大干一场，可村民们投来的，却是一道道不信任的异样目光，大家都在等着看“热闹”，看他如何“舞大刀，唱大戏”。

接下来的几天里，村部很少有人光顾，村干部们不见踪影，偶尔有村民造访，见只有孙海洋一个“外人”，转身便走。他俨然成了一个看家护院的。

面对这些，孙海洋想方设法和村民们拉家常、处感情、交朋友。他走村入户，在聊天中了解实情，在培养感情过程中拉近距离。为了增进感情，每到贫困户家里，看到有活儿他伸手就干，有时还亲自下厨，把自己和贫困户当成一家人。

患有精神疾病的贫困户叶思明家因为炕烧得太热引起火灾，家被烧得一干二净，本来就捉襟见肘的生活又雪上加霜，母子二人跪在地上放声大哭。

孙海洋带着村干部第一时间赶到现场灭火，并为他们买来柴米油盐等生活必需品和新被褥，收拾出一间办公室让他们安顿下来。没想到叶思明看到孙海洋宿舍的被褥，憨憨地说：“孙书记，你这个被好，我想要这个。”他不假思索地说：“拿去吧，给你了。”当他回家取新被褥的时候才想起来，那是他妻子的新婚嫁妆。

后来，他又在朋友圈发消息为叶思明一家募捐，消息发出去后，一上午时间就募集到善款2880元，他又掏出120元，凑了3000元送到叶思明母子手上。

你给了别人亲人般的感受，别人也一定会把你当成家人。孙海洋的真心投入，拉近了他和村民的距离，也换来了大家的认可。

70多岁的贫困户符海山是一名老党员，通过村里的帮扶发展养殖业，成为梨树县首批“我脱贫我光荣”的典型，得到县里的表彰。为表达感激之情，符海山去年端午节给孙海洋送去了一只鸡，孙海洋坚决不收。可是倔强的符大爷说：“我也是党员，咱们是一家人，你们帮了我这么多，我自家养的鸡又不是买的，这点心意你们就收下吧。”平日里付出的辛苦，瞬间化作一股暖流，涌遍孙海洋的全身。

甩开膀子摘“帽子”

和村民的鱼水关系搞好了，如何摘掉贫困村的帽子是摆在孙海洋面前的又一道坎儿。

常言道：大河有水小河满，大河无水小河干。要想摘掉贫困村的帽子，不能总是伸手等着上级的扶持，必须破解村级集体经济的瓶颈。

听说县里组织村干部去贵州六盘水考察学习村级集体经济“三变”改革经验，孙海洋第一个报了名。这一去让他茅塞顿开：“资源变资产、资金变股金、农民变股东”，这正是他要寻找的答案。

可是模式好不等于完全适用，姚家村最大的困难在于没有什么资源，没有资源，“三变”链条的第一环就无法解开。孙海洋绕着姚家村转了一圈又一圈，一个废弃多年的砖厂引起他的注意。他突然想到，村里很多人都有在建筑队打工的经验，自带技术的村民就是最大的资源啊，何不成立建筑公司，汇聚资源，集体生产？

说干就干，姚家村成立了村级集体经济“三变”办公室，村集体牵头注册了梨树县姚家宏达建筑有限公司，通过招商引资盘活了村里废弃的砖厂，并以场地入股，实现资源变资产的华丽转身。他还鼓励村“两委”班子成员带头入股，筹集到资金12.5万元，加上村集体自有资金11万元以及县财政扶持的30万元作为股金，昔日的农民变成了股东。

■ 孙海洋到玉米地查看玉米长势，向村民孙守仁询问情况

公司成立了，可是业务在哪里？房屋建筑、道路维修养护、广告设计制作、室内外装潢，围绕公司业务经营范围，孙海洋开始了新一轮的艰难跋涉。

求亲戚、找朋友，拉关系、套近乎、软磨硬泡。他从第一书记变成了包工头、司机、设计员、业务公关，角色随时转换。尽管这样，公司的业务依然不很乐观。

有一次，孙海洋费尽周折“求爷爷、告奶奶”为公司讨来了一份修路的工程，对方没有预付金，必须公司自行垫付款项。好不容易找到的项目，可回到村里才发现几十万的工程款不是个小数目。找银行，银行不给贷款；找村民，村民纷纷摇头，眼看着到手的工程就要“泡汤”，孙海洋和村支书一合计，两人垫付了工程款。

工程终于开工了，进展也很顺利，眼看前期所有的基础性工程都已完工时，又有了麻烦事。柏油浇铺的机器需要租借，可恰好赶上当时有大工程，所有的机器都被租出去了，方圆几十里租不到一台机器。

一夜之间，孙海洋嘴里长满水泡。没有办法，孙海洋一遍遍跑到工地和司机谈，套近乎、加价钱，最终协调来一台机器。

轰隆隆的机器声响了一宿，孙海洋在深秋的月夜里望向村里的方向，心想着可算对乡亲们有个交代了。就这样，公司完成了一个个大大小小的工程，成立一年创造收益40多万元，为村集体分红20万元。

2017年，姚家村整村退出贫困村行列，摘掉了“穷帽子”。2018年，全县脱贫攻坚暨壮大村级集体经济“三变”模式现场会在姚家村召开，各乡镇、村600多人参加会议，省市领导多次就“三变”模式到姚家村调研，清华大学、北京大学、南开大学等10所名校的硕士生先后两次120余人到姚家村调研“三变”模式，就连远在西藏日喀则地区的干部也都慕名而来。

出点子带出好样子

青年人自有青年人的风采，孙海洋的工作不乏“奇思妙想”，且落地容易见效快，颇受好评。

在孙海洋的倡导下，村里建起了爱心微信群，号召大家“每天捐款一元钱，为脱贫攻坚做贡献”，村干部和党员带头加入，在党员干部的带动下，不少富裕户也主动加入进来。

目前，他们的爱心平台已募集善款近8000元。每次入户走访，孙海洋都针对贫困户的实际，带上一两件慰问品，大到一个书包、一床棉被，小到一瓶洗发水、一袋卫生纸，这些小小的礼物，就像一条无形的传送带，传递着党的温暖，传递着社会的正能量。

此外，这些善款还资助了两名贫困的中学生，学生不仅成绩提高了，连性格都开朗了许多，家长们流下了感动的泪水。

孙海洋把歌曲《同桌的你》改编演唱为《扶贫的你》，上传网络后播放量近2万次，《中国组织人事报》和“新时代e支部”吉林共青团等平台纷纷转载。这一尝试让孙海洋萌生出用好新媒体宣传政策、宣传农产品的想法，他又注册了一个抖音账号，用小视频的方式宣传党和国家脱贫攻坚的好政策，宣传贫困户发展庭院经济所种植的绿色蔬菜。虽然仅发布了6条小视频，但视频总播放量已经突破了220万次。现在，就连孙海洋的儿子听了他的《扶贫的你》，看了他的抖音视频后，也从最开始抱怨他总不能回家、一次也没参加过家长会“讨厌”爸爸，变成了崇拜爸爸。

脱贫攻坚仍在继续，乡村振兴的号角正在吹响。在孙海洋看来，所做的这些事不算精彩，甚至还有些许遗憾，他甘愿做扶贫工作丰硕果实下，那默默守望的园丁。

（推荐单位：共青团吉林省委员会　中共梨树县委组织部）

何金辉，男，1975年10月出生，汉族，中共党员，在职研究生学历，双辽市融媒体中心副主任。2015年6月至今，任双辽市王奔镇巨兴村第一书记。

巨兴村的那些幸福事儿

——记双辽市王奔镇巨兴村第一书记何金辉

驻村4年多，他争取资金启动了道路硬化工程，修建了村级文化广场，打造了致富产业项目，代言了村里的特色产品……

一件件实事，点亮了巨兴村百姓的幸福生活。而为村里带来巨变的人，就是第一书记何金辉。

幸福事儿之一：路通了，心暖了

巨兴村地处偏僻，多年来村民的出行成为老大难问题。村里种植业结构单一，致富“没有门路”，村民大多挣扎在温饱线上。

在走访过程中，何金辉被一双双渴盼脱贫致富的眼神深深触动。如何解决“行路难、浇地难、产业调整难”三大难题，成为他开展扶贫工作面临的首要问题。

在摸清了巨兴村的具体情况后，何金辉与村“两委”班子共同决定，将解决“行路难”问题作为突破口，改变巨兴村的落后面貌。在他的努力下，四平市委组织部和双辽市交通运输局多次到村里实地调研，召开现场会协调解决问题，启动了巨兴村道路硬化工程。目前，全村新建农村公路12.5公里，老旧路面翻新4.3公里，基本实现了户户通硬化路。

“过去咱村啥样？连条像样的路都没有，晴天一身灰，雨天两脚泥。现在路都修到了家门口，又宽敞又干净，这都多亏了我们的何书记！”村民李长林十分高兴地说。

为了丰富村民的业余文化生活，何金辉积极争取政策资金，修建了1500平方米、健身设施齐全的村级文化广场，还配套了党建活动中心、村民活动室，为大家的业余文化生活提供了良好的场地。每到傍晚，村民聚集在广场上，跳跳广场舞、扭扭大秧歌，精神面貌焕然一新。

幸福事儿之二：脱贫路上小麦飘香

“何书记，我们能发展点啥产业呢？我们这儿浇地都费劲……再说，即便有收成了，我们又卖给谁呢？”面对村民的困惑，何金辉多次组织召开村组会议、村民代表会议，大家得出一致结论：要想脱贫致富，就要有自己的产业项目。

找准了破解难题的关键，何金辉给自己定了任务，巨兴村的产业项目要分三步走：一是解决浇地难，二是进行产业结构调整，三是打造特色产业项目。

巨兴村处于河套地区，虽然地下水源充足，但是全村一直没有成规模的水利设施。过去浇地，要靠村民自己打的小井。为解决这一问题，何金辉多次联系水利部门和财政部门，争取到节水灌溉项目和农发项目，帮助村里打了81眼标准的水源井，解决了村里800余公顷旱田的浇水问题，为村里的产业结构调整打下了坚实基础。

巨兴村有种植春小麦的传统，只是种植面积不大，大都局限在自家的庭院里。近几年绿色食品畅销，城里人越来越中意农村的土特产品，这让何金辉意识到，将巨兴村的春小麦推向市场会大有可为。他确定了以春小麦种植为主的产业结构调整方向，经过2016年几户村民的引导示范，2017年、2018年全村进行了大面积推广，从最初的3公顷发展到80公顷。同时，依托村书记赵德仁领办的德仁家庭农场，巨兴村推出了一系列“笨面”“笨小米”等产品。

为了将产业项目做实，何金辉向市扶贫办申请了粮米加工项目，并于当年建成投产。他还利用自己的人脉资源，为村里的产品进行了包装设计，并进行品牌推广。在这种品牌营销推动下，巨兴“笨面”刚一上市就受到了广大市民的热捧，当年就为村里增加收入7万元，2018年为村里直接增收8万元。两年间，以小麦种植为主导的产业结构调整，为村民带来了80余万元的经济收益。

为了让巨兴村的“笨面”走向更大的市场，何金辉多次参加省委组织部、四平市委组织部组织的“第一书记代言”产品展销会活动。

展销期间，正值年底，呼啸的寒风中何金辉一站就是8个小时，结合原创的宣传片，他不断向顾客宣传原生态的巨兴“笨面”，将巨兴“笨面”这个品牌推向市场。通过“第一书记代言”展销活动，直接销售“笨面”2万余斤，并进一步提高了巨兴“笨面”的市场知名度。很多购买巨兴“笨面”的消费者表示，就凭党组织下派的“第一书记”这个名称，

■ 何金辉走访贫困户了解脱贫情况

都要买点尝尝。也正是凭着这些信任，何金辉为巨兴“笨面”带来了很多回头客。

短短3个月的展销时间里，巨兴“笨面”就销售出30万斤，实现销售额120余万元，村里及周边农民种植的小麦全部销售一空。同时，小麦收割后种植大白菜等，也为村民带来了可观的经济效益。有了效益的推动，村民们也逐渐认可了种植小麦和大白菜的产业结构调整思路。

在沉寂了多年之后，巨兴村终于迎来了经济发展的新时期。老百姓富了，民心就顺了，生活也更好了。看着巨兴村的变化，何金辉心里由衷地高兴。2017年底，巨兴村接受了省脱贫检查组的考核，各方面均达到了脱贫标准，如期实现脱贫摘帽。

幸福事儿之三：小康路上党旗飘扬

“有一天我可能会离开，但是好支部谁也带不走。做成这个事儿，将是我给巨兴村留下的最大财富。”这是何金辉经常说的话。

从驻村第一天起，何金辉就给自己立下了一个原则，既要带头干，更要领着干，只有让巨兴村的党员干部群众自己动起来、干起来，巨兴村今后的发展才会越来越好。

村里有一位贫困户叫马显志，危房改造后，住进了新房的马显志找到了何金辉，对他说：“我也想脱贫致富，但我没钱，咋整？”何金辉二话没说，领着他去协调贷款，帮助他发展基础母猪饲养。在何金辉的帮助下，马显志盖上了猪舍，如今已有基础母猪4头，3头育肥猪也马上要出栏，一举摘掉了贫困户的帽子。马显志逢人就夸：“没有何书记，就没有我今天的好日子，真是太感激他了。”

得知贫困户徐克治最牵挂的就是小孙女的学习，何金辉主动将放寒假的女儿领到徐克治家中，和他的小孙女交朋友、同吃住，一起读书学习，并出资捐助学习用品。“何书记太知道我的心病了，咱人穷志不穷，一定得好好干。”徐克治深有感触地说。

一次次走访，一件件实事，温暖了群众的心，更打动了村干部的心。

“老百姓的事儿，就是我们自己的事儿，只有将老百姓的事儿放在心上，咱们才能是一个称职的好支部。”何金辉用行动影响着村“两委”班子。几年来，何金辉在与各部门联系项目时，总是带着村书记等“两委”成员，将他们推向“台前”，增强他们解决问题的能力。

乡村要想发展，村干部必须首先有发展意识。为此，何金辉连续召开了几次村“两委”班子会议。在会上，他问大家：“为啥这么多年巨兴村都没有发展？”村干部面面相觑，最后一位干部打破冷场说：“没有人领着咋发展。”何金辉说：“这就对了，村干部是干啥的，就是领着老百姓发展的。你们都没有发展的意识，他们怎么办？”

一句话，将巨兴村多年的死结打开，在村支书赵德仁的带领下，村“两委”班子成员开始带头发展。有了这样一个具有市场意识的村“两委”班子，巨兴村发展的步子也迈得越来越大。

在总结管理经验上，何金辉经常告诉村干部，无论村里的大事小情，都要坚持公开公平。几年来，巨兴村从修路到打井、从广场建设到慰问困难群众，从工程协议到资金花费，都会在全体村民大会上向群众耐心解释，并在村委公开栏张榜公示。对一些思想上有顾虑特别是家庭确实有困难的群众，何金辉也会同村“两委”积极争取政策扶持，帮助解决困难。

“现在，大家的心态都转变了，讲回报的少了，都主动付出，只要为老百姓办实事，咱偏远村也能发展得很好。”村支部书记赵德仁深有感触地说。

“让老百姓过上幸福生活，是我最大的心愿。”何金辉笑着说，眼里满是对未来发展的自信和期待。

（推荐单位：中共四平市委组织部　中共双辽市委组织部）

王小铁，男，1972年1月出生，汉族，中共党员，本科学历，吉林省委政法委法治处处长。2016年12月至今，任东辽县金州乡双福村第一书记。曾获东辽县优秀驻村干部荣誉。

以担当实干造福百姓

——记东辽县金州乡双福村第一书记王小铁

过去，一说起双福村，大家都直摇头，称这个村为“包袱村”。村屯脏乱、道路泥泞，贫困人口多，生活条件差；党组织软弱涣散，支部职能作用发挥不到位，缺少发展致富的干劲儿和韧劲儿；村里以种植玉米、养殖牲畜为主，结构单一，没有产业项目，青壮年宁愿外出打工也不愿回乡创业……

而如今，这里却变了模样：宽敞的道路、整洁的村容、明亮的路灯、干净的广场；村党支部重拾了凝聚力、向心力；摸着鼓鼓的腰包，聊着近两年来村里的发展变化，村民们的脸上露出了幸福的笑容。

这一切，皆源于一个人。2016年12月，王小铁被选派到双福村担任驻村第一书记。

扎根基层，找准致穷“病根”

到村后，王小铁在距离村部不远的地方租了间平房，买了些简单的炊具和餐具，又买了些柴火和米面，便住了下来。白天，他到田间地头和村民“拉家常”；晚上，他学习理论、研究政策，制作户籍档案，与驻村干部在便民服务点召开一场场小型“座谈会”。嗓子说哑了，才想起来喝上一口水；走路走累了，就坐在老乡家门口的石头上歇歇脚。

入村不到3个月，王小铁就走访了全村所有的农户，征询他们对村庄发展建设的意见，对建档立卡贫困户逐一分析家庭情况、致贫原因，站在他们的角度思考帮扶需求，谋划帮扶举措，制定完善了脱贫计划执行台账、帮扶措施落实台账。

通过前期详细调查，王小铁记录了厚厚的一摞村情日记。他将全村贫困户致贫原因进行分析归类，按照分类，将医疗扶贫、就业扶贫和产业扶贫，作为重点工作全力推进。

对因病致贫不具备劳动能力的贫困户，王小铁带着病历到定点医院找专家会诊，提出具体治疗意见，有针对性地进行治疗。贫困户王凤善的儿子患有鼻癌，他亲自带着病历去长春的吉林省人民医院、吉林大学白求恩第一医院寻找专家问诊，还自掏腰包为其购买了止疼药、止血药。针对没有耕地的贫困户，他联系了长春的几家企业，安排8名农民到企业打工就业。

产业发展，实现致富梦

“扶贫工作不是一阵风，必须提高整村致富的能力，只有这样才能真正实现村民的致富梦。”双福村的产业发展是王小铁尤为关注的问题。他多次组织村“两委”成员外出考察，学习取经。在王小铁和村党支部的共同努力下，双福村通过多种方式谋发展，为整村脱贫提供了坚强动力。

王小铁以前认为，农村优势资源很少。来到双福村后，他发现村里有地缘优势，完全可以依托第一产业发展第二、第三产业，通过三产融合推动经济发展。

他多方协调沟通，3年间为村里修了20多公里道路，实现了户户通，土道都变成了水泥路，方便百姓春种和秋收。群众的文化活动场所也增多了，除了在村部广场上扭大秧歌，跳广场舞，还可以到村里水库的栈道上散散步，附近村的村民夏天也都慕名而来，散步纳凉。

他带领双福村干部群众大力发展庭院经济，栽植果树，免费为贫困户提供晚李黄和桃李子树苗。为了保证存活率，他一次又一次到贫困户家实地查看，多次开车外出到西丰和小四平等地考察购买树苗。他在村部的前后院也栽植了一部分树苗，既美化了环境，又可以作为今后给贫困户补植不成活的苗用。

他还组织村民种植葫芦，并对村民进行技术培训。村书记免费育苗后分给贫困户，每户10棵，结的葫芦由葫芦画制作者进行回收，按照品相每个葫芦3.5元至100元不等。他还协调帮助村里打了4眼水井，现在村民们都喝上了自来水。

有一次，省电视台农村俱乐部栏目组要来村里拍摄《走进双福村》专题节目，一名记者提前来“暗访”。事后对他说：“你们村也不像是贫困村啊，我随便问了一位70多岁的老大娘，她说她没想到活到现在，还能喝上自来水，更没想到雨天出门能脚不沾泥。我们本来是来找你的‘短板’来了，没想到却发现了你的‘长板’。”

■ 王小铁到贫困户家建立档案

村民们也被王小铁的真情付出深深打动，经常称呼他“老王大哥”。这样的称呼，让王小铁心里美滋滋的。

巧借东风，打好“组合拳”

王小铁在脱贫实践中逐步认识到：要想脱贫不返贫，必须发展优势产业，形成拳头产品。

他积极发挥桥梁纽带作用，与“娘家”省委政法委和县乡党委多方沟通联系，成功争取到正旭菌业公司、金州现代农业公司、东北袜业公司项目入驻双福村。正旭菌业以给付村集体租金的形式，建设了占地面积4万平方米的食用菌大棚41座，2016—2020年每年都要给付村里40多万元。金州现代农业公司在村里成立了农工商公司，以土地流转的方式，对农产品进行深加工，把农民真正从土地中解放出来。东北袜业公司的袜子加工车间解决了村里40多人的就业问题。

良好的产品，要有广阔的销路才能转化为经济效益。全省“第一书记代言”活动启动后，王小铁巧借东风，采取线上线下“两条腿”走路，走出去、请进来相结合的方式，打好“组合拳”，不断扩大宣传面，提升产品影响力。

王小铁利用“新时代e支部”、微信、微博广泛宣传双福村乡村旅游产品，村里旅游收入有了明显提升；加入“乡村四季12316”平台，为群众提供农业信息服务，解答农业技术问题，农特产品品质有了可靠保证；在第十七届长春国际农业食品博览（交易）会上开设展位，历时10天推荐双福村特色农产品，并在“乡村大舞台”节目直播推介“乌骨鸡蛋”和“鲜食玉米”，销售收入4万余元。

借助辽源市第一书记代言产品大集活动的平台，王小铁把村里所产的香菇、无公害大豆和蜂蜜带到社区，4天时间里销售收入3万余元，代言的蜂蜜被评为“最喜欢的代言产品”。

如今，一提到王小铁，每个村民都由衷地竖起大拇指，纷纷夸赞：“王书记为村里发展产业项目做的好事、实事，我们都看在眼里，记在心上，他真的是一位为农民造福的好干部。”

王小铁已经把双福村当成了自己的家，用他自己的话说，回到长春的家里，感觉像住宾馆，没有住在村里舒服。现在，他正搜集双福村的历史沿革、行政关系变更、抗战老兵和抗美援朝英烈等的一些资料，为村里撰写村志。他自豪地说：“这事要是能成，双福村的乡村旅游业还要再迈上一个台阶！”

（推荐单位：中共辽源市委组织部　中共东辽县委组织部）

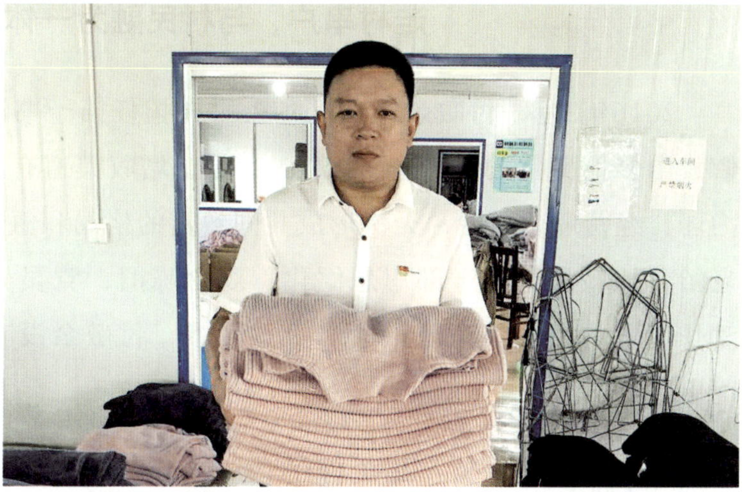

付敬余，男，1981年9月出生，汉族，中共党员，本科学历，东辽县环境保护局办公室副主任。2016年3月至今，任东辽县辽河源镇公平村第一书记。曾获东辽县脱贫攻坚先进个人等荣誉。

走进村民心里的人

——记东辽县辽河源镇公平村第一书记付敬余

在东辽县中东部，有一个曾经贫穷落后的朝鲜族村——公平村，全村296户1116名村民中有近六分之一是建档立卡贫困人口，脱贫任务异常艰巨。

然而，就是这样一个贫困村，经过拼搏奋斗，于2017年在辽源全市率先脱贫出列，摘掉贫困帽子。2018年，全村人均收入更是达到13760元。

谈到今天的变化，村民们口中出现次数最多的一个名字就是：付敬余。

“是他的不懈努力，给公平村带来了巨变。”说起付敬余，村民们对这个第一书记无不交口称赞。

走村串户，与村民融为一体

2016年3月，付敬余被选派到公平村担任第一书记。公平村地理位置偏僻，山多地少，人均耕地面积仅3.28亩，增收渠道有限。农业生产抗风险能力弱，经营理念滞后，无法形成共同致富的格局和氛围。村子空心化、党员老龄化比较严重，干部思想僵化，观念陈旧，党员先锋模范作用和帮扶带动作用发挥得不够充分。面对重重困难，付敬余没有退缩，而是选择迎难而上。

既然来了，就要干出个样子。付敬余琢磨，想要尽快进入角色、踢好头三脚，必须熟悉村情民情，与村民融为一体。为了尽快掌握村情和致贫原因，他深入到党员群众之中，和村民们打成一片。他走遍了村里的每一片山水田地，认真倾听村民的意见建议，了解他们所需所盼。他和乡镇党委政府领导沟通，全面掌握了村子的基本情况。他和村“两委”班子成员交流，详细了解影响制约村级集体经济发展和村民致富的主要原因……连续3个月的走访调研，他由一个西装革履的机关干部，变成了卷着裤腿出没于田间地头的公平村“农民”。“刚开始不太理解，扶贫也不至于不着家吧。但是后来我去村里，他带我去挨家挨户走访贫困户，那一刻，我动容了，也理解了。村民们需要他，村里的工作需要他，我得支持他。”妻子曲羚歌说。

■ 付敬余在扶贫车间进行产品质量检查和指导

贫困户李景贵有严重的心脏病，家里拿不出钱看病，他姐夫把他扔到村部就不管了。付敬余知道后，立即协调县民政局给他办理了大病救助，又协调县人民医院给他办理了住院手续，李景贵生前看病，自己一分钱都没花。

贫困户郑少臣家的窗户漏风，冬天屋里很冷，冻得一家人直打哆嗦。付敬余就自己掏钱买材料，解决了他家窗户漏风的问题。

村里的抗美援朝老兵宋福林快90岁了，干不了活儿，付敬余没事时就去他家帮忙做家务。

哪家贫困户需要扫院子、换门窗、安装有线电视等，他知道后，都第一时间过去帮忙。这样的事情，自从付敬余到村里，已经不知道做过多少了。他把这里当作自己的家，不遗余力地出钱出力，帮助村里人解决实际困难。而村民们也把他当作贴心人，有个大事小情都愿意找他唠唠，请他帮着出主意，想办法。

小小羊毛衫，编织致富梦

要想脱贫，必须找到致富增长点。根据村里的实际情况，经过考察调研，他认为办羊毛衫加工厂是一个有效途径。但是，资金问题是摆在他面前的第一道难题。拉亲找友是付敬余想到的最快捷方法，可当付敬余跟他们说起这件事时，大家纷纷“好言”相劝：老老实实、平平安安地待三年就行了，还折腾啥！不达目的誓不罢休，付敬余身上的韧劲儿让他越挫越勇，最终老同学张岩被他的这种执着精神打动，决定投资15万元支持他的扶贫工作。

资金问题解决了，接下来就是建厂。起步阶段困难重重，大到建厂房、买设备，小到买灯泡、买钉子，付敬余都亲力亲为。为了节省资金，他与村干部开车到辽宁省法库县购买瓷砖，因为这样能省下一半的价钱。正是凭着这种精打细算居家过日子的精神，2016年6月，东辽县富友服装加工有限公司终于成立了。

如今，走进公平村富友服装厂，映入眼帘的是“农闲人不闲，农民忙赚钱”的热闹景象：颇具韵律的机器声，仿佛奏响一曲富民欢歌，20多名妇女围坐在生产桌旁边，缝合、织补、定型、检验……

“自打服装厂开了，我就在这里工作，守家待地一个月工资2000多，日子啊会越来越好！”公平村2组贫困户王忠香很是知足。王忠香家有3口人，丈夫没有劳动能力，孩子正在上大学，生活一度捉襟见肘。得知村里新建服装厂后，她便第一时间报名“上班”。

“没有产业，脱贫就是个难事儿。现在好了，村里12个贫困村民有了新工作，人均可增收2至3万元。”付敬余说。

服装厂现有2000平方米的厂房，有80余台设备，解决了100多名村民的就业，投产当年就盈利10万元。公司运行三年来，已盈利47万元，其中每年给建档立卡贫困户分红7万余元。

付敬余有一个大胆的设想，他说：“下一步，将带领村“两委”班子继续把毛衫产业做大做强，准备把整个乡镇变成毛衫小镇，带动全镇人共同脱贫致富。”

实施土地流转，搞集约经营，是脱贫致富的又一有效途径。付敬余经常深入村民中，宣传土地流转的优势，并发挥党员的骨干作用，由党员带头，动员村民将土地集中起来。同时以高于市场50%的价格，将全村的3000余亩耕地流转给农业种植龙头企业，仅此一项，人均年增收就超过1万元。

如今，村里已有98%的农户从土地的束缚中解脱出来。公平村的百姓逢人就说，有了主心骨，脱贫致富不犯愁。有50多户村民新建了100平方米以上的新房，100多户购置了轿车，120多户购置了电视、冰箱等家电。

加强基层党建，筑牢战斗堡垒

农村基层党组织是党在农村全部工作和战斗力的基础，充分发挥村党组织战斗堡垒作用，是斩除穷根，走上富路的根本保证。

“我希望扶贫结束后，就算驻村工作队撤了，公平村不仅能继续发展，而且能发展得更好！”这是付敬余眼里合格的扶贫。

村书记迟长发头脑精明，家里过得也很好，但就是对村里的事情心劲儿用得不足。付敬余利用空闲时间，在村部、在迟长发家里，讲带头人作用、谈先进典型，春风化雨，润物无声，慢慢地，迟长发的思想境界上来了，干劲儿铆得十足，去年被东辽县委评为优秀村党组织书记。

为提升党员教育管理水平，他亲自为全村党员上党课，用老百姓耳熟能详的“土话”，宣传党的十九大精神和习近平新时代中国特色社会主义思想。为充分发挥党员的先锋模范作用，他定期组织党员深入贫困户家中开展扶贫救济活动，落实每名党员帮带2户贫困户责任，同时带领广大党员积极投身农村人居环境卫生整治工作。在党员干部中开展脱贫致富大讨论，调动党员干部参与脱贫攻坚的积极性和主动性。

为提升村级组织规范化建设水平，付敬余主导完善村规民约，严格落实“四议两公开”制度，实现了用制度管村，管人，管事。2016年以来，2名35岁以下的致富能手被发展为党员，为村里的党员队伍注入了新鲜血液。

通过一系列着实管用的办法举措，村党组织的政治领导力、思想引领力、群众凝聚力得到增强，组织力得到不断提升。村党组织和广大党员在脱贫攻坚、实施乡村振兴战略中的战斗堡垒作用和先锋模范作用日益凸显。

“说实话，这些年要是没有父母的鼓励、妻子在背后的默默支持，我也不可能在村里安心地干下去。”付敬余言语中既有歉疚，也有感激。谈到脱贫致富时，他浑身又充满了干劲儿：“脱贫不是目的，我还要让公平村成为远近闻名的富裕村、先进村、典型村，让公平村成为脱贫攻坚的样板！”

（推荐单位：中共辽源市委组织部　中共东辽县委组织部）

王雨佳，男，1971年8月出生，汉族，中共党员，本科学历，通化市公路管理处副处长。2016年3月至今，任柳河县红石镇四清村第一书记。曾获吉林省脱贫攻坚贡献奖、通化市五一劳动奖章等荣誉。

打通脱贫攻坚“最后一公里”

——记柳河县红石镇四清村第一书记王雨佳

水泥路面干净平坦，玫瑰红苹果香飘十里，农家乐采摘流连忘返，金色稻田喜获丰收……

走进今天的四清村，处处焕发着勃勃生机，呈现出一派欣欣向荣的美丽景象。

“俺们村能有今天，最感谢的就是第一书记王雨佳……”提起王雨佳，每个四清村的百姓都有说不完的话。

用真心真情，赢得信赖和支持

2016年3月，王雨佳被选派到四清村担任驻村第一书记。

驻村后，凭着一副勤快的腿脚和一颗赤诚的心，王雨佳第一时间跑遍全村的贫困户，详细掌握致贫原因和生活情况。基本信息、致贫原因、帮扶措施、发展诉求……全村每名贫困对象的情况都详细记录在他的笔记本上，也深深地刻在他的心里。

贫困户王吉发身患癌症，做了两次手术。王雨佳初次走访时，他脸色蜡黄、骨瘦如柴，拉着王雨佳的手声泪俱下："我这个病好不了，不如早点儿死了算了。这给老婆孩子拉下了一大堆饥荒，以后可咋过呀。"王吉发的话句句如针，刺痛了王雨佳的心。他利用水滴筹平台为王吉发家筹款1万多元，又多次联系柳河县民政局争取相关政策帮扶，自己也筹措了2000元资金，帮王吉发解了燃眉之急。

已是古稀老人的贫困户闫志深，一直寄居在妹妹家的一间十几平方米的仓房里。王雨佳无法忘记第一次去他家走访时的情景：外面阳光明媚，屋里一片漆黑，进门需要适应一会儿才能看清这个白发苍苍的老人。当时老人腰部骨折，不能动弹，蜷缩在小炕上对王雨佳说："家里困难，条件简陋，白天冷冷清清，晚上棚顶的耗子闹得厉害。有一年春节，亲戚们来家里看望，帮忙准备了一桌饭菜，刚要吃时，一只耗子从棚顶掉到了饭桌上，亲戚们谁也没吃都走了。"说到这里，老人露出一丝苦笑。

王雨佳下意识地环顾了一下仓房，家徒四壁，山墙裂缝，房梁裸露。辛酸滋味萦绕在他的心头，也坚定了王雨佳作为第一书记带领贫困群众脱贫致富的决心。他向包保部门如实汇报了情况，并多次与红石镇班子研究，协调资金4万元为老人新建了一座35平方米的砖混住宅，圆了老人的新居梦。当老人住进新房子的时候，不停地抚摸着墙壁和炕沿，感动得热泪盈眶。

王雨佳帮助贫困户看过病、送过衣物、拿过学费，力所能及地做着每一项帮扶工作，用炽热的真心、真情和汗水，赢得了四清村百姓的信赖，村民都把他当作自家人一样对待。

夯实党建基础，打造坚强有力队伍

通过一段时间对四清村的了解，王雨佳总结出村子的穷根：基层组织战斗力不够强，党员干部思想还不够解放。

为了让四清村党建强起来，他采取了最原始的“土办法”，走访村内老党员、原“两委”班子成员、群众代表和致富能手，与他们谈心谈话，摸透村情民意，找出基层党组织作用发挥不好的关键所在，对症下药，解决难题。

面对村级组织阵地难以满足服务群众需求问题，他积极协调资金，对村部进行改建，推动村级便民服务阵地标准化建设。完善村里的公共文化服务基础设施，协调资金修整了村文化广场；组织村里文艺爱好者，成立了“山里红文艺宣传队”，丰富了村民的文化生活。面对村“两委”班子成员年龄偏大的问题，他积极物色有干劲儿的年轻人，新发展了6名后备人才。

1992年出生的女孩姜柳，被选到村里工作后，信心满满、干劲儿十足。她说：“我不准备出去打工了，我要扎下根来，把村里的党建工作抓起来，把我们村建设好。”

■ 王雨佳与村干部一同查看草莓长势

面对四清村街巷垃圾成堆、牲畜粪便满街等环境卫生问题，王雨佳及时组织召开了村“两委”班子会、村民代表大会和党员大会，研究制定了《四清村村规民约》《四清村环境整治工作方案》等制度文件，在村里打响了环境综合整治的战役。新成立的“党员义务先锋队”不定期组织义务除草栽花、清扫卫生等活动，带动了村民环保意识不断提升。

村里的各项事业开始蓬勃发展，村民们干事创业的热情持续高涨。

推动产业发展，帮助贫困户脱贫致富

有了与群众的鱼水之情，就有了激情工作的不竭动力。王雨佳把眼光放到了更长远的目标，把总体思路集中到产业发展上来。

一次偶然的机会，他了解到村里一户苹果种植户有果园220亩，苦于交通不便利、宣传不到位，导致苹果卖不出去。王雨佳决心破解这一难题，打通脱贫攻坚“最后一公里”。“一条希望路、三个采摘园、一个产业园区”的产业发展和基础设施建设思路，在王雨佳脑中形成。

说干就干，他带领驻村工作队员开始了“跑路”工程。在通化市交通局、通化市公路处、柳河县政府的共同努力下，四清村新建了连接303国道的水泥路和直达采摘园的特色产业扶贫路，这两条路成了村民联系外界、走出家门的“希望之路”“致富之路”。

为了积极推动扶贫项目发展，在王雨佳的倡导下，村里注册了“通柳红”扶贫玫瑰红苹果品牌，并成立了玫瑰红苹果种植专业合作社，贫困户以土地或其他方式入股加入，果园务工也优先雇用贫困户。按照这种运营模式，合作社的规模得以壮大，收入进一步增加，同时也帮助了贫困户脱贫致富。

在得知省里开展“第一书记代言”活动后，王雨佳下定决心，要牢牢抓住这个机会，真正将四清村玫瑰红苹果的名声打响。他全身心投入到代言活动当中，认真撰写代言材料，在柳河党建、通化党建和“新时代e支部”等线上网络平台发布，将四清村苹果“个大、形正、色艳、质脆、汁丰、甜香、耐贮”等优点宣传出去。他还带着苹果先后参加省市组织的各类展销活动，直接帮助村里销售苹果1.3万斤，打通了通化、长春等地的销售市场。

“村路修好了，王书记又给我们的苹果做代言，来苹果采摘园的游客越来越多了，全园年收入由30万元增加到50万元。”苹果采摘园园主房利军高兴地说。

王雨佳表示，自己又有了新的工作计划，下一步要继续种植适宜现摘即食的绿色无公害优质苹果，利用电商平台把玫瑰红苹果销往全国各地，同时助力四清村乡村旅游发展。

如今在四清村，家家都有致富路，户户再无清闲人。王雨佳说：“作为驻村干部，只有沉下心来，踏踏实实为群众办实事，真情实意帮百姓解难题，他们才能发自内心地接受你，信赖你，依靠你。”

（推荐单位：中共通化市委组织部　中共柳河县委组织部）

李长胜，男，1973年8月出生，汉族，中共党员，大专学历，通化市人防办干部。2016年3月至今，任通化县果松镇东明村第一书记。

架起扶贫“连心桥”

——记通化县果松镇东明村第一书记李长胜

“要做好第一书记的工作，就要与老百姓们打成一片，把他们当作自己的亲人。只有这样，才能把工作做得更好。”

说这话的人叫李长胜，2016年3月被选派到东明村担任驻村第一书记。

重返乡村，带领乡亲们脱贫

“我那时候也没想那么多，毕竟咱是从农村出来的，知道农民的苦，也希望能为农村的发展做点儿自己的贡献。”说起自己当初的选择，李长胜憨憨地笑了。

东明村全村515户1687人，其中贫困户27户48人，村级集体经济较为薄弱。驻村后，李长胜走屯入户，了解贫困户的收入情况和家庭情况，并和村干部一起研究发展脱贫项目。经过多次调研、反复论证，他决定以发展黑木耳产业为突破口，带动贫困群众脱贫。

这一想法得到了县、镇两级党委政府以及对口帮扶单位的大力支持，帮助解决了资金问题。不久，一个木耳加工厂就在村里建起来了。2016年4月中旬，李长胜和村干部一起，从通化县西江镇一位木耳专业户那里买回5万袋木耳菌，在这位专业户的指导下开始种植地栽木耳，6月上旬就采下了第一批春木耳，随后又种植秋木耳10万袋。

■ 李长胜到田间地头宣传惠农政策

当年8月，在李长胜和村干部的共同努力下，通化县吉盛农业开发有限公司成立，开展规模化食用菌种植与菌种制作，并融入果松镇“一村一品”的集体经济发展格局。公司共种植木耳15亩，制木耳菌30万袋，第一次尝试便获利近6万元，并安排有劳动能力的贫困户实现就业。

创新思路，打开产品销路

2017年，为进一步增加村级集体经济收入，尽快让村集体富起来，让贫困户生活好起来，李长胜与村干部研究决定，扩大生产规模，并请来技术员指导，探索着种植了灵芝和羊肚蘑。

目前，东明村已经建成21座灵芝大棚、4座桑黄大棚、8座木耳大棚，和2016年公司初创时相比，已经发生了翻天覆地的变化。

2018年底，村级集体经济收入达到45万元，比2017年增加近1倍，是2016年的5倍多，全村人均收入达到15620元。如今，东明村已经成功摘掉了贫困村的帽子。

东明村自然环境优越，特色资源丰富，素有“灵芝之乡”“木耳之乡”的美誉。这里出产的灵芝、木耳全部采用山泉水灌溉，没有任何农药和化肥污染，是真正的有机绿色食品，但由于道路不通、信息闭塞，东明村的灵芝和木耳长期“待字闺中”，根本卖不上好价钱。

如何打开产品销路，增加村集体和贫困户的收入，成为李长胜工作的重中之重。正当他苦思冥想之际，省里要开展“第一书记代言”活动的消息传到了小山村，这也给李长胜的发展思路带来了一道灵光：“对，我们可以借鉴明星代言产品的方式来代言我们村的产品！”

说干就干，李长胜第一时间和相关部门进行了沟通，了解代言的方式、途径和将会产生的效益。当李长胜第一次录制代言宣传片时，黝黑的脸庞因为激动泛起了红晕。很快宣传短片做好了，在“新时代e支部”等媒体上播发，效果十分显著。

按照宣传片上的联系方式，很多消费者联系到李长胜购买灵芝孢子粉和木耳等土特产品。小乡村的土特产品在第一书记的代言下成了“香饽饽”。线上的销路正在逐渐打开，可是不少消费者因为之前没有尝试过这些产品，所以购买量都不多。李长胜深知这是消费的正常现象，需要一段时间的认知。为了缩短消费群体的认知时限，李长胜带领驻村干部和村干部到市县的集市和商场去推销。恰逢这个时候，省市县都为贫困村“第一书记代言”搭台唱戏，特别是2019年1月在中共吉林省委组织部、省委宣传部举办的“党建引航脱贫攻坚暨第一书记代言展示会”上，李长胜带去的产品受到了消费者的青睐，灵芝孢子粉和木耳等产品被抢购一空。

依托“第一书记代言”活动，仅今年前5个月，东明村已经销售菌类产品10.91万元。另外，村里还向外销售木耳菌8万棒，灵芝菌1.5万棒，桑黄1.1万段，菌种除在本县销售外，还卖到了敦化、抚顺等地，销售金额合计

43.6万元。

用李长胜的话说，第一书记代言的不仅仅是产品，更多的是贫困村村民的自尊自强和勤劳致富奔小康的决心和信心。

倾听心声，架起扶贫“连心桥”

脱贫攻坚中，抓班子、带队伍是既管当下，又管长远的治本之策。

建强班子是当然，驻村第一书记不是单纯来扶贫的，加强党建也是十分重要的职责。抓好领导班子建设，完善党组织体系和各种制度，严格遵守纪律，履行职责，为民服务；抓好政治理论学习，加强作风建设；落实党支部“三会一课”等制度，带领党员学习理论，提高党员素质，改进工作作风，充分发挥党员的先锋模范带头作用，这些都是李长胜的日常工作。

“当好第一书记，找准自己的位置很重要，既不能不作为，也不能越过锅台上炕。”李长胜如是说。

在东明村，李长胜不仅向群众宣传党和国家的扶贫政策，向上级汇报当地的实际情况，协助村干部开展工作，还积极帮老百姓办各种“小事儿”，扮演着宣传员、调研员、指导员、代办员的角色。就连村民请他回城时给捎点小东西这样的事情，他也都尽力办好。

他帮助贫困户臧跃斌秋收；多次探望病患贫困户任淑梅，协调镇民政部门为其申办残疾证；帮助病故贫困户赵艳成处理后事；贫困党员胡艳福的房子年久失修，他发动村党支部党员义务劳动，为胡艳福帮工……这些实实在在的事情，东明村的乡亲们都看在眼里，一句“李书记这人挺实在”，诠释了这位第一书记的诚意。

李长胜自己则总结说：“农村的事情就是这样，看上去基本都是些鸡毛蒜皮的小事，可就是从这些小事上，才能看出来老百姓认不认可你这个外来的第一书记。”

与城市生活相比，农村的生活条件无疑是艰苦的。但作为一名出身农村的老兵，李长胜并不在乎生活条件的艰苦，他把自己的“窝”安在了村部的一间办公室里，甚至连自己的铺盖也像农民一样卷成一卷，穿衣服也很随意，看上去和当地农民没有什么差别。

2017年夏天，在村里帮助劳动的时候，李长胜右臂韧带断裂，至今右手还伸不直。即便是在治疗期间，他也没有脱离工作，村里的大事小情依然帮着跑前跑后。东明村党支部书记于锡军说：“李书记来了就常年住在村部，可不是那种三天打鱼两天晒网的人。”

李长胜在不忙的时候就愿意和乡亲们唠唠嗑，了解他们的期望和诉求，特别是贫困户的心声，帮助他们解决一些力所能及的困难，一座党群、干群间的“连心桥”就这样架了起来。

如今，东明村不光摘掉了省级贫困村的帽子，在李长胜和村“两委”班子的带领下，乡亲们正在向小康之路大步迈进。

（推荐单位：中共通化市委组织部　中共通化县委组织部）

杨立山，男，1980年10月出生，汉族，中共党员，大专学历，通化市科技局科员。2017年3月至今，任柳河县安口镇长安村第一书记。2019年6月28日，通化市委号召全市党员干部向杨立山同志学习。

被乡亲们“抢”回来的第一书记

——记柳河县安口镇长安村第一书记杨立山

他服从组织安排，义无反顾去扶贫；他背负沉重家庭负担去驻村，再苦再难也不退缩；他工作调整后，硬是被想念他的村民给“抢”回了村里；他身患重病依然不忘扶贫事业。他就是在扶贫战场上浴血奋战、挥洒真情的长安村第一书记——杨立山。

服从组织安排，让我干啥我就干啥

2016年末，满载一身荣誉结束了16年军旅生活的杨立山，转业被分配到通化市科技局工作。结束了与妻子多年的分居生活，过上了团圆日子，正当他还沉浸在与家人团聚的喜悦中时，单位领导找他谈话，考虑他当兵多年，政治素质好、个人素养高，又有农村生活经历，因此想让他到单位包保的长安村去当第一书记。

刚享受了4个月家庭温馨的杨立山，打心眼儿里不愿意离开家人，不想再过聚少离多的生活。但多年来养成的纪律观念，让他义无反顾地服从了单位的安排："组织让我干啥我就干啥，我一定不给单位丢人！"深明大义的妻子张馨元对他说："你去吧，就相当于你又当了一次兵，家里还有我呢，去了就干点事儿，别在那儿混。"就这样，2017年3月杨立山带着组织的重托，带着妻子的鼓励，来到长安村报到了。

刚到村部，眼前的场景让自小在农村生活的杨立山都惊呆了，村部残破不堪、四处漏风，还没有取暖设施。晚上好心的村民焦艳章给他加了一床铺盖，但是躺在被窝里，他还是觉得冻脑袋。那个夜晚，村民的热情和屋子的寒冷让他难以忘怀，他觉得村部都破成了这样，那村里的村民生活得有多难，于是他暗下决心，一定要为大家做点事。

杨立山给村民办的第一件好事，是从附近水库为村民引来灌溉用水。原来，长安屯附近的水库由私人承包后，往往在春耕之前就放光了水库里的存水，春耕时村民得不到灌溉用水。杨立山和水库负责人沟通，解决了水库存水问题。

河北屯村民以前吃水用的都是摇辘轳的老井，水质一般。在杨立山张罗下，屯子里打了一眼深水井，家家户户都装上自来水，水质又好，用水又方便。为此，贫困户张华慧逢人便讲："在长安村你随便打听、随便问，这小干部来了给俺们干了多少好事儿啊？俺们真佩服他！"

野猪沟屯位置偏僻，村民想扭个秧歌都没块空地用。为此，杨立山协调资金修建了1300平方米的文化广场，还配备了健身器械等附属设施。

日子久了，原本是"外来户"的杨立山已经变成这个村的一分子。有一次，安口镇党委书记到村里来办事，发现一个不大点儿的孩子和杨立山打招呼："杨大大上俺们家吃饭啊！"他对此深为感动，在各种场合经常提起这件事。"长安村的老老少少全认识他，孩子们管他叫杨大大，见到他就喊他到家吃饭，这点我都做不到。"他感慨道。

他是被乡亲们"抢"回来的

为了让村民过上好日子，杨立山大力发展产业，带领乡亲致富。

长安村地处水源地保护区，自然条件优越，生态环境良好，但不适合发展有污染的养殖业。于是，杨立山就把目光瞄准了养蜂业和特色种植业。为了引进养蜂项目，杨立山成宿地翻阅资料，往返外地多次邀请养蜂专家到村里实地考察，忍着蜜蜂的蜇痛，到田间记录真实数据。在他的不懈努力下，养蜂项目终于落户长安村。2018年，5户试点养蜂户户均增收1.2万元，2019年又新增养蜂户11户。

长安村所在的安口镇是著名的苗木之乡，有发展苗木产业的经验和基础。杨立山依托这一优势，着重发展了大果榛子、红豆杉苗木培育，又发展了贝母等中药材种植，使每个贫困户都有脱贫产业，都有稳定的收入来源。

随着工作的深入，长安村的脱贫工作得到有序推进，蜂蜜、大果榛子、红豆杉等产业初具规模。然而此时，谁也想不到一次正常的工作调整，居然引发一段意想不到的故事。

2018年夏天，派出单位领导考虑到单位人员数量少，年龄结构又不合理，于是希望调杨立山回局里工作，按组织程序做了请示并获得批准。就这样，杨立山离开长安村，回到局机关工作。

得知他要走，一时间村里不少老百姓都掉下眼泪，还差点引发情绪激动村民的集体上访，说什么也得把杨书记给要回来。虽然驻村干部和村干部们一起向村民做了解释，但乡亲们依然舍不得杨立山走。

"老百姓舍不得他，反映到村里，村里反映到镇里，镇党委书记又亲自去市扶贫办反映情况。村、镇两级党组织都向市委组织部提出了挽留杨立山的要求。”回忆起当时的经过，老支书刘景明记忆犹新。

一边想要人，一边想留人，这场“官司”一直打到了通化市委相关领导那里。领导明确表示，第一书记的人选应该尊重村民、村党支部和镇党委的要求，不做调整。就这样，已经被调回局机关工作了1个月的杨立山又回到了长安村，继续担任第一书记。

“说白了，杨书记是让老百姓硬给要回来了，要是他没那威信，我们村党支部和镇党委也不能那么坚持。”驻村干部回忆说。

带着“秘密”在村里工作

感念乡亲们挽留他的情义，回到村里继续工作的杨立山工作上更卖力气了，大家也觉得他的干劲儿更足了。可谁知杨立山这次是带着“秘密”回来的。

原来，杨立山在回到局里工作期间，发现9岁的女儿总是头晕，于是带孩子到医院做检查，被确诊为Ⅰ型糖尿病，也叫胰岛素依赖型糖尿病，多发于儿童和青少年时期，起病比较急，只能依赖胰岛素治疗，否则将危及生命。这个诊断结果，对夫妻俩来说无异于晴天霹雳。

杨立山的妻子没有稳定工作，房贷还没有还完，家庭支出大半依靠他每月不到4000元的收入，可孩子得病以后每个月注射胰岛素就要2000多元，原本就不宽裕的经济条件骤然变得更加紧张，家里陷入了困境之中。

为了不让挽留他的乡亲们失望，杨立山没有跟任何人说自己的家庭情况，带着这个“秘密”继续回到村里工作。

驻村工作队员杜文鑫说：“杨书记两口子晚上都不在家，孩子就得他丈母娘照顾，老人岁数大了，不会用那些测血糖的设备，他就打电话远程遥控丈母娘给孩子测血糖，打胰岛素。小孩子都馋嘴，大人一不留神就偷着吃糖，跟着血糖值就往上蹿，非常危险。他非常害怕，因为孩子处在发育期，一不留神就可能引发尿毒症。这样的压力，你说啥样人能受得了？”由于需要经常和家里电话沟通，所以这“秘密”只有当时和杨立山睡一铺炕的杜文鑫知道，但杨立山再三要求他不准说出去。

后来，得知杨立山家里居然是这种情况，长安村的乡亲们都感动了，不少人都掉了眼泪。今年已经70岁的贫困户武秀玉老人说：“他家的事儿原来俺们都不知道，他比俺们困难啊，快把俺们这些贫困户撤去了，把钱补给他吧。”

要说这个“秘密”是怎么传出来的，没想到竟然是因为一次意外。

“那个皮实的人倒下了”

长安村的乡亲们无论如何没有想到，那个刚刚39岁、一直带着笑模样、高高瘦瘦、身体很结实的杨书记居然病倒了。

2019年4月23日，杨立山早上醒来的时候觉得半边身体不适，不一会儿连坐也坐不住了，他连忙叫醒同住的杜文鑫，就在这时他的口齿已经不清楚了。杜文鑫马上送他去医院，在路上杨立山的症状有所缓解，这位坚强的老兵此时落泪了，他对杜文鑫说：“兄弟，我可能陪不了你啦，我头一次发现我这么无助，我要是瘫痪了，你嫂子可就雪上加霜了。”到了医院，他被诊断为脑梗死，但好在就医及时，病情得到了有效控制。

■ 杨立山走访贫困户

得知杨立山患病住院的消息，长安村的乡亲们都惊呆了，他们怎么也没想到杨立山会得这种病。他入院才一个多小时，村支书刘景明就赶到了医院，接着长安村的乡亲们也三五成群，自发地来到中心医院看望杨立山。市、县、镇里的相关领导和一些驻村第一书记纷纷赶到医院看望他。

通化市委、市政府得知杨立山生病入院的消息后，相关市领导分别前往医院看望杨立山。直到这时，住进了医院的杨立山和他的家人也没向组织提一点儿要求。但是，他们家人过于朴素的穿着、桌子上清汤寡水的病号饭、住院缴费时的满面愁容……这些都引起了领导的注意，追问之下才得知杨立山的真实家庭情况，他背负了这么久的“秘密”终于被揭开。

时任通化市委主要领导，对杨立山的事迹非常感动，专门做出批示：“杨立山同志牢记使命，矢志扶贫，忠诚敬业，担当奉献，是新时代年轻干部学习榜样和典范。”2019年6月28日，通化市委作出决定，号召全市党员干部向杨立山学习。在通化市委、市政府的关怀下，杨立山的妻子张馨元有了稳定的工作。对这些，杨立山每次提起来都心怀感激。

“我肯定会回去，不回去对不起他们”

“杨书记是累倒的。把老婆孩子都扔在家里，孩子还有病，家庭压力也大，工作压力也大，要不他哪能这样？”年过花甲的贫困户柳玉梅说，“我们想他，真想他啊！”

虽然病倒了，可杨立山始终放不下村里的事情，他还惦记着贫困户们饲养的蜜蜂。“我肯定会回去，不回去对不起他们。”杨立山说。

杨立山惦念着乡亲们，乡亲们也惦念着杨立山。贫困户王立明说：“杨书记在村里两年多，做了几件打基础的大事，他帮贫困户找中长期的脱贫项目，而这些项目多半是扶贫期间见不到成绩的项目；他抓环境治理，改变了村容村貌；他改变了村民的精神面貌，现在村里没有闲散人，都忙着做事。现在他病倒了，就让他放心养身体吧，有他打下的这些基础，我们也有信心能把日子过好。”

因患脑梗死而瘫痪在炕上的武秀玉老人说：“希望他回来是真的，可他姑娘在上学，还得看病，最好还是能守着家。他要能在这儿那是太好了，要是不能回来，我们也都能理解。”

究竟杨立山以后能不能回到长安村继续担任第一书记，连医生也说不好，但我们相信杨立山永远“离不开”长安村，因为他的心已经与乡亲们紧紧地连在了一起。

（推荐单位：中共通化市委组织部　中共柳河县委组织部）

张俊红，男，1973年5月出生，汉族，中共党员，本科学历，通化市职教中心副校长。2016年3月至今，任柳河县三源浦朝鲜族镇六盘村第一书记。

平凡的坚守，执着的追求

——记柳河县三源浦朝鲜族镇六盘村第一书记张俊红

2018年12月，听说县里考核组来了，柳河县三源浦镇六盘村村部里，成群结队地来了许多村里的老百姓。

“张书记是市里下派的干部，天天为老百姓忙这忙那，我们舍不得他走啊！”村民们七嘴八舌，挽留之情溢于言表。

张俊红，2016年3月被选派到六盘村担任第一书记。2018年8月，他被提拔为副处级领导干部，村民听到这个消息后，以为他会离开村里，在组织部年度考核时，都自发前来挽留这位第一书记。而张俊红也服从组织安排，坚持提拔不离岗，在这个为之奉献了3年的岗位上，继续与乡亲们并肩奋斗。

20名党员，成立全市第一个村青年农民党校

抓好基层党组织建设，是开展扶贫工作的关键。在任职之初，张俊红就确定这样的思路。

然而刚到六盘村时，村党组织的种种问题让他寝食难安：党组织活动场所不达标、“三会一课”流于形式、党员服务意识不强……经反复琢磨，张俊红萌生了一个大胆想法：市里有党校，县里有党校，村里虽然只有20名党员，能不能也成立一个党校呢？通过党校这个载体来补齐村里党建的薄弱点。

带着想法，他多次请示各级部门和领导，得到大力支持。2016年7月1日，通化市第一个村级青年党校成立了。张俊红这个第一书记职务上又加上了一个“官衔”——六盘村青年农民党校校长。

党校开班了，村里的党员都对这个年轻的“校长”充满了怀疑和好奇。普通群众窃窃私语：“党校干啥的？有用吗？”

在党校第一堂课上，除卧床不起的党员，村里一共来了14名党员，还邀请了25名普通群众参加。作为市里职教中心的老师，张俊红仿佛又回到了三尺讲台，他为大家讲解了习近平总书记脱贫攻坚的论述、党的历史、黄大年等模范党员的事迹，这第一堂课就把村里的党员和群众给“镇”住了。党校成立后，又相继邀请了通化市委领导、通化市委党校教授、农林专家等开展了经济和农技方面的培训。

这下村里的党校火了。每次开课，会议室里都座无虚席，甚至有邻近村的群众来听课。老党员林福山说：“我们村里的党校是最接地气的党校，我从来没有机会到市里和县里的党校培训过，现在在家门口就可以学习了！”

党校的建立，使村里的党建工作活了起来。“三会一课”按时召开，党组织活动场所也得到改善，村部面积达到了210平方米，还修建了800平方米的文化活动广场。

每当曙光初升，或晚霞夕照，村里的男女老幼都会不约而同地来到村文化活动广场，扭起秧歌跳起舞，一张张笑脸洋溢着幸福。

抓好基层组织建设，关键要抓好人的培养。张俊红总想着扶贫结束后为村里留下一支永远带不走的工作队，因此从来不放松加强村干部队伍建设。他明白，要想让六盘村兴起来、富起来，就必须让村民丢掉自己这根“拐杖”，真正依靠他们自己实现健康持续发展。

于是他选择了退一步，让村里的年轻书记走在前，让村党支部走在前。对村里的大事，张俊红有时只支着儿不出面，开会时让村干部多讲，自己少讲，培养村干部独立思考、组织协调能力；在项目建设上，他带着村干部一起去跑手续，从不大包大揽，锻炼村干部的独立经营、科学管理的能力。

一系列的良苦用心，使六盘村“两委”班子凝聚力、战斗力显著增强，各项工作也走在了全镇的前列。在2017年和2018年的全镇绩效考核中，六盘村蝉联全镇20个村第一名，这可是六盘村从未有过的荣誉。

80 亩黑土地，散发出浓浓的“芳香”

在张俊红700多篇扶贫工作日志中，他曾写道：“脱贫攻坚是一场硬仗，要集中力量，突出产业带动；要多措并举，实现多点开花，这样才能尽早实现六盘村贫困户退出、贫困村出列。”

为发展扶贫产业，张俊红穿上军旅工作服，背上一瓶水，拎起工作包，连续走访调研、实地踏查、请教专家，初步确定了发展中药材、花卉、甜瓜和梅花鹿养殖四大产业。

为了找准“突破口”，张俊红将“棋”下到了村里50亩土质优良的土地上，把老百姓的土地流转出来，统一种植中草药天麻。他与包保部门联系，争取10万元帮扶资金，与辉南县一家中药材种植专业合作社签订了合作种植天麻的协议。2018年底，天麻喜获丰收，销售利润6万多元，全部用于贫困户分红和增加村级集体经济收入。

种植天麻的成功，让张俊红对发展扶贫产业增强了信心。他发现，柳河的鲜花、果蔬有很大一部分来自外县，本地的鲜花、果蔬在此存在一定空白，具有很大市场空间。于是，他积极向包保单位进行求援，申请资金40万元为村里建了温室大棚2座、春秋棚12座，进行花卉、果蔬种植，当年就培植了30万株花卉，生产甜瓜1万斤。

2018年，冬季提前到来，气温骤降，这可难坏了张俊红。大棚需要保暖设施，这可需要不少投入啊，不能看着绿油油的蔬菜冻坏啊！张俊红看在眼里，急在心上，拿出自己积攒的7万元工资，为村里购置了大棚棉被。大棚暖和了，贫困户的心也暖和了。

■ 张俊红走访贫困户

通过3年的生产经营，村集体已经掌握了生产技术、管理经验和销售渠道，年利润10万余元。

六盘村的几户村民有养殖梅花鹿经验，但缺少市场营销理念，一直没有发展壮大起来。为此，张俊红邀请通化市农科院专家对梅花鹿发展前景进行调研，组织养鹿大户成立六盘兴旺梅花鹿养殖专业合作社，并争取到10万元合作社扶持资金，扩大梅花鹿养殖规模，目前已养殖梅花鹿300头。同时，还进行鹿产品加工，制作鹿胎膏，利用网络进行销售。2018年，销售额达到50万元。

张俊红为村里栽上了“摇钱树”，养上了“下蛋鸡”。3年前，发展产业只是老百姓的梦想。现在，梦想因为一个人的到来而变成了现实。

100 名贫困人口，牵住他们的手一个都不能掉队

六盘村全村150户480人中，有建档立卡贫困户39户100人。20%的贫困人口需要脱贫，张俊红身上的担子有多重可想而知。

3年多来，正是对这一片黑土地和一方父老乡亲的深情厚爱，使张俊红无怨无悔地投入到脱贫攻坚工作中，用自己的实际行动诠释着一名共产党员的责任和担当。

女儿高考当天，他还在大棚里与乡亲们讨论培土育苗。老父亲病重住院他也没能照顾几天，父亲去世他请了3天丧葬假料理完后事回到村里时，贫困户刘云星看到他憔悴的样子，心疼地说："张书记到村里工作，亏欠家里人太多了，把心思全都用在我们身上了。"

驻村后，张俊红就和村里这100名贫困人口紧紧绑在一起。贫困户林长青患有严重精神病，不听村干部和姐姐的劝阻，一直住在彩钢房里。一遇大风大雨天气，张俊红就担心他，经常到他家里查看，有几次硬是背着他转移到其姐姐家中。

"没有张书记，我家的房子就倒塌了。"村里的贫困户刘振友，逢人便夸张书记。2018年6月汛期的一天清晨，张俊红得知住在低洼区的刘振友家受灾严重，立刻往他家赶。途中泥泞湿滑，一个趔趄，摔到了泥水中，一时间痛得站不起来。但他还是忍着疼痛赶到刘振友家，及时解决了被水围困的房子的险情。

贫困户宋立有夫妻常年在外打工，留下两个孩子在家。因为缺少父母关爱，弟弟很内向。张俊红一有空就去看望姐弟俩，帮他们辅导功课，并送上学习生活用品；假期时还把弟弟送到夏令营，和孩子们一起学习游戏、生活体验。在张俊红的关照下，弟弟越来越阳光，学习成绩也稳步上升。

从驻村那天起，张俊红就一直坚持沉在村子里。在他办公桌前的墙上，贴着一张纸，上面写着：昔日华西展辉煌，今朝六盘创佳绩。在他身上总是

有一股用不完的劲儿，而那份动力就源自他对父老乡亲的爱，源自一名共产党员对理想信念的坚守。

（推荐单位：中共通化市委组织部　中共柳河县委组织部）

彼伏。

夏小刚，男，1984年6月出生，汉族，中共党员，本科学历，柳河县委组织部科员。2017年5月至今，任柳河县五道沟镇更生村第一书记。曾获通化市优秀基层团干部等荣誉。

用真情践行青春诺言

——记柳河县五道沟镇更生村第一书记夏小刚

“夏书记，早啊!”

“夏老弟，又黑了。”

“夏叔叔，我在等校车上学去。”

……

清晨，走在更生村的村头巷尾，村里的党员、去田间劳作的农民、等待校车的中小学生用不同的称呼跟驻村第一书记夏小刚打着招呼，问候声此起彼伏。

“已经好久没有人叫我‘小伙儿’了。”夏小刚一边热情地与大家打招呼，一边心里念叨着。

从2017年5月担任更生村第一书记以来，夏小刚经历了从迷茫到坚定，感受了质疑与温情，更生村党员群众对夏小刚的称呼也从最初的“小伙儿”，到有了多个不同的昵称，这些称呼印证了他将青春的汗水播撒在这座贫困小山村所收获的苦辣酸甜。

“小伙儿”之委屈——城里来的年轻人能干点儿啥？

上任第一天，村支书向全村党员介绍：“这是柳河县委组织部选派到更生村的第一书记夏小刚。”迎接夏小刚的，有欢迎的掌声，这让他对工作充满了憧憬；但也有几名老党员小声嘀咕：“这小伙儿是城里来的年轻人，能干点儿啥？”

听了这话，夏小刚心里有几分委屈，也有几分不服输。他说：“几位老前辈，眼巴前儿，你们最想让我干点儿啥？”

一名老党员带着几分质疑回答：“小伙儿，我看你这白衬衫就不像我们村里的干部。别的不说，村里的妇女跳广场舞没有地方，没有设备，你要能给解决了，我们就相信你真是来我们村干实事的！”听了这话，夏小刚没有辩解。

第二天开始，他就换上了迷彩服和黄胶鞋，登门入户拉家常、摸实情，听群众说真话、讲实话，甚至是气话，将村里每户贫困户的情况摸清摸透。

随后的一周里，他3次跑到文化部门，为更生村3个自然屯申请广场建设项目，争取到秧歌服和广场音箱。当广场舞的旋律在新建的文化广场响起时，那几位老党员对夏小刚说：“夏书记，你真是来干事的！”

随着贫困户生产生活上的难题一件一件得到解决，渐渐地，称呼夏小刚“小伙儿”的人越来越少了，村里人都开始叫他“夏书记”。

可在后来的一次村民代表大会时，又有群众“开炮”了：“夏书记，咱们村评的这些贫困户我们都认可，可是这么多贫困户，咱们村又这么穷，没点儿像样的产业，可咋脱贫……”

“书记”之迷茫——“空壳”村的穷病得怎么治？

咋脱贫？这个问题比质疑自己能干点儿啥更让夏小刚扎心，也更让他迷茫。

的确，更生村只是一个单纯依靠土地收益、农业发展不充分的村，无产业、无项目、无增收渠道、几乎为零的集体经济……“空壳”村的穷病得怎么治？

“群众叫我一声‘书记’，这个问题我得给他们答案！”夏小刚默默地掂量，答案只能在拼搏路上去寻找。柳河县正在全县推广光伏产业，而更生村正好还有10亩闲置空地可以利用，把握住这个契机，他争取派出单位支持，筹措产业资金40万元，利用10亩空地建成118千瓦村级光伏电站，当年村集体即增收1.6万元。虽然时间短，收入还不多，但贫困户们拿到分红后，看到脱贫的希望，嘴上的“夏书记”叫得更加真诚了。

■ 夏小刚谈光伏发电项目

然而，仅仅依靠包保单位“输血”，村里的产业还难以做大做强，必须得自己“造血”，将这片园区的潜力充分挖掘出来。

于是，第二年一开春，夏小刚就组织村“两委”班子成员先后到辽宁清原、桓仁等地考察。经过充分论证后，决定在光伏园内种植经济作物。

如今，以光伏产业为主，贝母、大榛子和云杉种植产业为辅的“一主三辅”扶贫产业格局已经形成，预计到2020年，园区可带动村集体年增收10万元。

随后，夏小刚又争取到资金10万元入股一家中草药种植专业合作社。合作社7年后返还本金，期间年分红至少1.25万元；争取到壮大村级集体经济项目资金50万元，用于发展农机租赁项目，春耕秋收期间可获得稳定的租赁收入。村集体有钱了，开展脱贫攻坚和各项工作的“底气”就更足了。

2018年，更生村贫困人口人均分红945元，14户25名贫困人口已顺利脱贫，预计2019年底贫困人口将全部脱贫，整村摘帽。

望着10亩光伏产业园内交相辉映的450片光伏板，关于治穷病，夏小刚不再迷茫。然而在一次与跑运输的村民聊天中，“夏书记”这个称呼又变了，这次变成了“夏老弟”……

“老弟”之壮志——我要让犄角旮旯通上“高速路”！

从事运输的村民对他说：“夏老弟，咱们村产业有了，但你看高速公路高架桥就从咱们村边过，可咱们村这路出去一趟都费劲，啥时候我们能有一条出村的‘高速路’啊！”

说到路，更生村地处龙岗山脉深处，在镇内属于“犄角旮旯”，只有一条破旧不堪的村道通往外界，除了每天一趟往返的客车再无其他公共交通工具。由于年久失修，路况极差，特别是2013年遭遇水毁后，部分路段破损严重，打出租车人家都不愿意去。在一次陪同民政干部走访贫困户时，遇上了大雨天，道路无法通车，为了不耽误工作进度，他们打着雨伞骑着摩托车蹚水前往贫困户家中，第二天，身体健壮的夏小刚就病倒了……

夏小刚对村民说：“老哥，您说得对，这条路早就该修，不管多难，我一定要让咱村通上‘高速路’，不再是犄角旮旯！”

立下壮志容易，但真做起来并不简单。夏小刚一趟一趟往交通部门跑，终于将原定几年后实施的道路规划项目争取提前到2018年施工，项目总投资

450万元。

工程开工后，他天天泡在施工现场了解工程进度，帮助协调解决施工中遇到的问题。2018年9月28日，崭新的柏油路通车的那一天，他红着眼睛对群众说："从此咱们村不再是犄角旮旯了！"

以前更生村集市因为交通不便很少有人来卖货，如今热闹起来，村里的年轻人也开始琢磨起农村电商。在柏油路旁，一声声稚嫩的"夏叔叔，我在等校车上学去"，让夏小刚更加开心……

"叔叔"之喜悦——从此在更生村多了几个亲人！

除了"夏书记""夏老弟"，还有一个称呼让夏小刚更加感到欣慰和温暖，那就是"夏叔叔"。

当过教师的夏小刚见到穿校服的人，就有一种油然而生的亲切感。可到村里入户走访的第一天，他的心里就沉甸甸的，贫困户孟某家中有老母亲、女儿、儿子4口人，可是在调查时发现孟某10岁的儿子不在户口簿上。原来，这个孩子由于出生时母亲难产去世、无相关医学证明材料，只能落在集体户口上，还享受不到脱贫政策。

为此，他多方奔走，不仅帮助解决了孟某儿子的户口问题，同时还找到好心人资助了其一儿一女18岁前的学习和生活费用，大大减轻了其家庭的生活负担，逐步使这个家庭脱离了贫困。

村里王某家孩子在家中误食鼠药，家人联系夏小刚求助，他第一时间开车带孩子赶赴县医院，亲自找医生、跑手续，使孩子得到及时救治。

村里学生申某考入大学却无力就读，夏小刚帮助争取助学资金8000元，又办理助学贷款8000元，圆了申某的大学梦。

从此，这几个孩子多了一个不是亲人胜似亲人的"夏叔叔"。

"在更生村结下这几个亲人，我当这个第一书记值了！在村里的每一天都很有意义，如今脱贫任务即将完成，我也彻底融入了更生村，我既是驻村干部，更是一名更生人！”

（推荐单位：共青团吉林省委员会　中共柳河县委组织部）

王莹，男，1983年3月出生，汉族，中共党员，本科学历，长白朝鲜族自治县边境贸易（长白口岸）服务中心副主任。2016年3月至今，任长白朝鲜族自治县长白镇民主村第一书记。曾获白山市优秀驻村干部、长白朝鲜族自治县扶贫先进个人等荣誉。

长白山上那一抹“莹”光

——记长白朝鲜族自治县长白镇民主村第一书记王莹

“既然来到这个村，就不能辜负党和人民的期望，一定要想方设法，为乡亲们找到脱贫的金钥匙，打开致富锁，让他们尽早过上好日子。”

2016年3月，王莹被选派到民主村担任第一书记。

3年多的扶贫路，1200多个日日夜夜，他用无穷的动力和满腔的热血，带领全村挖穷根、寻出路、谋幸福，用实实在在的行动，使民主村成为全县首批脱贫摘帽的贫困村。

一句“对不起”，一声“小王书记”

“走一走，看一看，回了单位还了愿。”这是王莹刚驻村时，村民对他的最初认识。他们既没把这个“第一书记”放在眼里，也没有对他寄予多大希望。王莹不解释，也没有抱怨，只是更加坚定了干事为民的决心。

扶贫路上“一个都不能少”，这是王莹为自己定下的奋斗目标。他要以“不拔穷根绝不撤退”的实际行动，取信于民主村的父老乡亲，让他们感受到自己带领全村打赢脱贫攻坚战的信心和决心。他主动走进农户家中，全面了解贫困群众生产生活状况，全方位掌握第一手资料，做到“问题清”“底数明”。

在贫困户精准识别中，根据入户走访和平时了解到的情况，王莹与村“两委”班子成员初步确定了民主村33户50名贫困人口名单，并将结果提交到村民代表大会进行表决。让他意想不到的是，会上各种问题接踵而至。有的人问：“为什么我不是贫困户，享受不了国家的优惠政策？”还有的人问：“为什么把我定为贫困户，我可以养活自己啊！”凡此种种，一个个棘手的问题，接连抛向了刚上任不久的王莹。

“对不起了，大家！”王莹先向村民深深地鞠了一躬。顿时，议论纷纷的会场安静下来。“乡亲们，咱们村确定的这些贫困户，是根据党中央和省、市识别标准确定的，并不是随意选定的。比如杨福江家，老杨身有残疾，没有劳动能力，老伴儿还患有严重的心脏病；还有靳盘珠家，靳老脑血栓后遗症生活不能自理，需要老伴儿24小时全天护理，还有……”大家面面相觑，既意外又欣慰。上任没多久，这个“小王书记”就能将每家每户的情况掌握得这么

■ 王莹和蜂农学习如何发展蜂蜜项目

清楚。

“单丝不成线，独木不成林。对待贫困，我们不要以此为耻，也不能引以为荣，要增强本领，凝心聚力，通过我们勤劳的双手共同努力，让每户贫困户早日脱贫，让咱们村早日退出贫困村行列。”

顿时，会议室里掌声如雷鸣。这掌声，代表了接纳，代表了肯定！一声“对不起”，让百姓感受到王莹那颗沉甸甸的责任心。这一次，大家从心底里记住了这个“小王书记”！

一张“联系卡”，一颗“为民心”

驻村工作后，王莹自己制作了“便民联系卡”发放到群众手里。他说：“只要村民有需要，随时都能找到我。”

“小王书记，我家的电视天线被风刮坏了，看不了天气预报了。”一天中午，贫困户杨福江火急火燎地给王莹打电话。王莹二话没说，扔下手中的碗筷，买了工具设备后直奔杨大爷家，登上颤颤巍巍的木梯，爬上2米多高的屋顶，安装了新的室外电视天线。看到清晰的电视画面，杨大爷高兴不已，但恐高的王莹双腿直发软，还在止不住地颤抖。

王莹第一次走访贫困户姚振岐家时，他简直不敢相信，那凸凹不平的火炕，就是老两口儿睡觉的地方。“大娘，修修火炕吧，您和大爷的身子骨弱，哪能睡得了这样的火炕呢。”大娘叹息一声没有说话。王莹知道，大娘在为钱犯难。“大娘，修火炕大概需要多少钱？”王莹下定了决心，一定要为两位老人解决这个问题。“大概500块吧！”“那您马上联系会修炕的人，我现在就回去给您申请资金。”没想到，王莹下午就把钱送了过来，大娘接过钱，流着眼泪连声道谢。

百姓的信任，让王莹成了村里的大忙人。谁家有个大事小情，只要一个电话，他肯定及时出现。贫困户宋立军身患肝腹水，王莹为他往返民政部门申请办理低保；低保户马秀梅意外摔伤，王莹为她办理了临时救助资金；村民张希田年事已高，儿女不在身边，王莹每年带领驻村工作队员帮助他维护蔬菜大棚……一件件亲力亲为的琐事，一个个忙前忙后的身影，王莹用实际行动拉近了与村民的距离，践行了自己的为民情怀。

一条“致富路”，一腔“乡梓情”

民主村是城中村，人多地少是发展扶贫项目的最大瓶颈。面对严峻的扶贫形势和艰巨的攻坚任务，他没有退缩，下决心为民主村走出一条脱贫致富的道路。

王莹与村干部一起反复调研论证，深入村民家中听取建议，形成了异地发展不老莓种植项目的思路。

项目确定后，王莹趁热打铁，一个人驱车到周围乡镇寻求合适的种植基地，最终选中十四道沟镇干沟子村不老莓种植基地，并争取到项目资金20万元，在干沟子村发展了20亩不老莓种植项目，当年就获益2万元。

考虑到种植业受气候影响较大，为了让全村的贫困户稳定脱贫、长久脱贫，王莹又谋划设计了中华蜂养殖项目，协调资金15万元，养殖中华蜂40箱。为了将养蜂事业发展壮大，他四处拜访，联系专家教授、行业能手来村里传授技术，破解难题。自己平时通过书籍、网络等资源刻苦钻研学习养蜂技术知识，很快就从一个“门外汉”变成了养蜂“技术员”。短短几个月时间，民主村的中华蜂养殖项目就走上了正轨。

2018年，民主村的蜂蜜产量喜人，但如何让产量变成效益，成了摆在大家面前的又一个难题。为了拓宽蜂蜜的销售渠道，王莹亲自上阵，积极参加“第一书记代言”活动，打通了微信、电商等销售渠道，实现了线上线下同步销售，仅蜂产品一项就为每户贫困户增收300元。2018年底，民主村贫困户实现人均年增收1200元，实现贫困户脱贫、贫困村脱贫摘帽的目标。

为了增强贫困户的“造血”能力，王莹组织全村有劳动能力的贫困户，到不老莓种植基地进行实地参观，并聘请技术专家为贫困户讲解种植不老莓的技术和注意事项。在“五一”“七一”等重要节日，他还组织党员群众开展“我脱贫我光荣”“知党恩，跟党走”等故事宣讲活动，通过身边的典型，激励贫困户自立自强、奋力脱贫。

王莹的工作日记首页，写着“幸福是奋斗出来的”8个大字，这是他对自己扶贫工作的鞭策，也是对贫困户早日脱贫致富、过上幸福生活的期待。

在王莹的带领下，如今的民主村环境美了起来，道路宽了起来，生活富了起来。他用实际行动赢得了群众的信任和认可，践行了第一书记的使命和担当。

（推荐单位：中共白山市委组织部　中共长白朝鲜族自治县委组织部）

王斌汉，男，1966年6月出生，汉族，中共党员，本科学历，白山市审计局审计信息中心主任。2016年2月至今，任靖宇县三道湖镇东沟村第一书记。曾获白山市劳动模范、白山市优秀驻村干部、靖宇县优秀第一书记等荣誉。

情系乡村终不悔

——记靖宇县三道湖镇东沟村第一书记王斌汉

骤雨初歇，青草混杂着泥土的芬芳，山色掩映下的东沟村，在盛夏迎来了丰收的季节，颗颗蓝靛果缀满枝头。

放眼望去，大片大片的蓝靛果地里，人头攒动，忙着采摘的农户嘴角噙着笑容，专心地打理着眼前的累累硕果。

这一热闹繁忙的景象，与王斌汉3年前初来东沟村时迥然不同。

初来乍到是非多，项目开展磨心智

2016年2月，王斌汉被选派到东沟村任第一书记。初来时，王斌汉一筹莫展：人生地不熟，农户们各怀心思，对外来干部很排斥。村里既没有什么特产，也没有主导产业项目，工作千头万绪，困难重重。

但这并没有让王斌汉退缩。他静下心来，走村入户，在田间地头帮农户们收拾耕地，在屋内炕头与老人们唠家长里短……渐渐地，王斌汉清楚地掌握了村里各方面情况。由于曾经当过科技副镇长并且自己是农林专业毕业，王斌汉很快发现东沟村的土地土质非常好，在听取有种植经验的农民道出的“土地经”后，他决定将种植蓝靛果作为村里发展扶贫产业的着力点。

王斌汉结合县里以奖代补政策，经过反复与村干部及村种植大户商讨研究，最终确定到黑龙江省牡丹江市引进蓝靛果栽培项目。项目定了，可启动起来并不容易。

“这能行吗？”“以后卖不出去可咋办？”在全体村民大会上，对发展种植蓝靛果项目的质疑声不绝于耳。

“大家静一静，听我说，咱们这儿种蓝靛果项目的具体要求、政策补贴、收益分配，都和大伙儿说清楚了，咱们看看谁想参加。”王斌汉大声地喊着，但村民依然无法消除顾虑。

眼看就要到种植季节了，如果项目不能马上启动实施就错过了时机，今年就不能开展了；晚一年，许多贫困户的收入就会少一年，甚至可能会拖慢脱贫工作的整体步伐，这让王斌汉心急如焚。

王斌汉的犟劲也上来了，天刚蒙蒙亮，便开始一家一家地“游说”。

在村民王忠老汉家中，王斌汉一边帮忙劈木头，干农活，一边说：“大爷，你看这柴火劈的够烧不？咱家后面的地荒着也是荒着，要不我帮你种种啊？”“种啥啊？又是你说的那个啥蓝果子？”大爷坐在院子的板凳上，晒着太阳。王斌汉停下手中的活儿，用袖子抹了一把脸上的汗水：“我跟您说，这蓝靛果可是个好东西，果子不仅有清热解毒的功效，而且还对高血压、小儿厌食症有一定疗效，更难得的是目前市场价值很高，可挣钱了，要不您老就让我帮您种着试试？”

晚饭后，村民张贵成家里的院门准时被推开了，王斌汉轻车熟路地坐到他家炕上，开始了新一轮的政策、技术、收益“轰炸”。

就这样一家一户地介绍、交流，最终有22户贫困户被他的真诚和韧劲儿打动，愿意种植蓝靛果，并签订了种植协议。

胆大心细见成效，百姓信任这个人

王斌汉是个胆大心细的人，发展项目不盲从、不冒进、不武断。经实地考察并借鉴其他地区的种植经验，他积极筹措资金22万元，开始推动发展蓝靛果产业。为确保该项目落地生根、开花结果，他同村“两委”班子研究决定，从村“两委”班子和村务监督委员会成员以及贫困户、种植大户中，选派6名代表一同前往牡丹江市，选购优质蓝靛果苗木6.3万余株，通过以奖代补的方式，由22户贫困户先行发展180亩的蓝靛果种植项目。

功夫不负有心人，种植的蓝靛果当年就开花了，成活率90%以上，这让王斌汉信心倍增。乘势而上，第二年他又提出绿枝扦插育苗，因户施策给贫困户建日光大棚发展蓝靛果育苗项目，为项目提质增收。

■ 王斌汉到农户家中查看蓝靛果苗木长势情况

村里的张树全一提到王斌汉，总是竖起大拇指来个大大的赞：“王书记可是我们的恩人啊！还是个大能人，俺们啥不懂了，就去问他，他给指的道道儿准没错！”回想初见王斌汉的时候，还抱着半信半疑的态度，张树全就会憨憨地挠挠头，黑黝黝的脸上也泛起了红。“我们这些最早跟着王书记干的，去年就把本儿赚回来了，现在还翻了好几倍呢。看看俺们家房子，也是王书记帮着翻修的。后边的日光大棚里培育的蓝靛果苗，也开始赚钱了，咱早就不是贫困户了。”

光影背后辛酸泪，苦中有乐念初心

一个初冬的清晨，一记实实在在的拳头，重重地打在王斌汉的脸上。“你个外来人，别人都同意了，咋就你那么多事呢，今天就给你点儿教训，再多管闲事就让你在村里待不下去。”打人的是个半大小伙子，他爸傻愣愣地在旁边站着。

王斌汉对这父子俩并不陌生，他们是村里的非贫困户，早就磨破了嘴皮子和他们说过了，不是贫困户不能享受建日光大棚的政策，可他们却非要跟着一起建大棚。

俗话说，打人不打脸。可这无理取闹的毛头小子，就往脸上招呼，实在是过分。王斌汉压抑住心中的怒火，一遍一遍地告诉自己：“我是共产党员，我是国家干部，我代表的是政府，我不能与他们发生肢体冲突……”他忍下了委屈，紧紧地握着拳头站立着。在其他村干部的拉扯与劝说下，父子二人离开了现场。

过后，由于事情性质恶劣，镇政府出面要将动手伤人者交给派出所处理，而此时的王斌汉因协调项目资金回到了白山。父子二人为了不受处罚，硬着头皮赶到白山找到王斌汉，本以为会受到一番羞辱，可没想到却吃了王斌汉请的一顿谅解饭。王斌汉的谦和大度，让这对父子臊红了脸。

生活环境大变样，事事有他安民心

王斌汉在着手抓扶贫产业的同时，也为东沟村实施危房改造和基础设施建设操碎了心。

天高气爽，一声嘹亮的号子响彻天际。“大家伙儿，加把劲啊，嘿呦……”王斌汉浑身是灰地跟几个大汉抬着木梁。今天正是孙明业家危房改造上梁的日子，王斌汉一手争取的危房改造，终于要完工了。“王书记，歇会儿吧，来喝口水。”老孙拿着碗凉白开递给王斌汉：“一会儿，大家伙儿都留下吃饭啊，你也跟我们一起吃吧。”“不了，早上做的饭还剩了，我一会儿去热热吃，扔了怪可惜的。”王斌汉灌了一口水答道。依着农村的礼俗，有活儿大家来帮忙，主人家是要留帮忙的人吃顿辛苦饭的，可是王斌汉入乡却不随俗，仍坚持着“驻村期间从不吃农户一口饭、从不拿谁家一粒米”的原则。

在驻村工作的3年里，王斌汉还谋划了蒲公英、贝母、草莓、蓝莓、人参、果树、蔬菜等种植业项目以及养牛、养蜂、养鸡、养鹅等养殖业项目，全村有劳动能力的90户贫困户均根据自己的实际选定了脱贫致富项目。

现在，蓝靛果和蓝莓项目种植面积已达1000余亩，丰产期每亩收入1万元左右，贫困户人均增收5000余元。

他协调争取资金实施了小流域治理工程、自来水管网改造项目，铺设了东沟村农田机耕路17公里。同时，还有即将开工建设的1000平方米新村部，以及东北抗联红色教育基地和村博物馆，都将为东沟村的村容村貌增姿添彩。

2018年，东沟村顺利实现整村脱贫。

夕阳西下，炊烟袅袅。王斌汉踏在村里干净平坦的路面上，闻着阵阵果香，看着乡亲们一张张快乐的面孔，露出了欣慰愉快的笑容——乡亲们的生活越来越幸福美好，他心里面再苦再累也都觉得值了！

（推荐单位：中共白山市委组织部　中共靖宇县委组织部）

车晖，男，1978年8月出生，汉族，中共党员，本科学历，白山市市场监督管理局副主任科员。2016年3月至今，任抚松县沿江乡楞场村第一书记。曾获白山市优秀驻村干部、抚松县脱贫攻坚先进个人等荣誉。

一片春晖暖人心

——记抚松县沿江乡楞场村第一书记车晖

3年前，村民用疑惑的目光看着他："一个城里来的干部，在农村能干啥？"

3年后，村民纷纷感慨："他和群众一条心，他和群众心贴心，他和群众交真心。"

村民们口中的"三心"书记，就是他们楞场村的第一书记车晖。

从机关干部变身第一书记，从宽敞明亮的办公室走进田间地头，走到群众身边，从开始时村民冷眼相待到后来充分信任，车晖用心血和汗水赢得了群众的认可，用真诚和执着带领群众脱贫致富，走上幸福路。

凝民心聚民意，扶贫济困显真情

椤场村位于抚松县沿江乡西北部，地理位置偏僻，产业项目薄弱，人均收入低。车晖刚知道要被派去椤场村开展工作时，曾担心自己“三农”经验较少而无法胜任。可开弓没有回头箭，作为一名党员，既然组织选择了自己，就决不能辜负组织的信任，这是责任，更是使命。

要想工作有底气，摸准村情民意是突破口。上任伊始，车晖便揣着民情日记走村串户，走访贫困户、访问致富能手、拜访老党员、查找贫困原因、寻找发展道路。两周时间，他走遍了全村所有地块、山坡、沟坎，民情日记本上记满了各家各户的人口、耕地、收入以及各种需求。他很快摸清了村“两委”班子建设、生产生活状况、民风民俗等信息，真正做到了底数清、情况明。

一天，贫困老党员曲福利心急火燎地来到村部，哭着对车晖说：“我老伴儿患有糖尿病并发症，生活不能自理，最近血糖始终降不下来，医院在几十里外，耽搁了怕出什么意外，这可怎么办？”车晖听了，二话没说便开车将老两口儿送到县医院就诊，垫付医药费，跑前跑后，让老人感激不已。

从这件事中车晖明白，想让群众信任，靠的不是高大上的大道理，而是帮他们办实事，解难事。他下定决心，从关系村民生活的小事、琐事、难事做起。排查到贫困户郭西军时，了解他常年住在危房，车晖协调帮助建设新房；听说潘树武老两口儿腿脚不好，家里缺米少面，车晖就主动帮助购买；贫困户李树红家灯泡坏了，车晖都搁在心里，想着帮忙换上新的……到任短短半年时间，车晖就为村民解决住房、就医、上学、务工等涉及切身利益的实际问题100余件。

抓项目谋发展，产业兴旺见成效

“说一千道一万，脱贫致富最终还要靠强有力的产业带动。”对椤场村有了充分了解，有了村民们的信任，车晖对工作更有信心了，开始与村“两委”班子探讨，如何选择一条好的发展路子，让群众尽快富起来。车晖苦苦思索，遍访四处，最终提出以绿色产业发展为主题，利用现有生态资源优势，做好“有中生新”“无中生有”两篇文章。

经过广泛调研，车晖把目光聚焦在村里的宝石花煎饼合作社上。这个合作社采用纯手工的方式生产杂粮煎饼，选用长白山区特有的白头霜玉米为原料，产品松软，香甜可口，但苦于规模小、知名度低，销量一直不高。一次偶然的机会，车晖在中央广播电视总台财经频道看到了《生财有道》栏目，萌生了利用其平台推介产品的想法。在他的努力下，这个曾被村民嘲笑为异想天开的想法得到了县乡两级政府大力支持，《生财有道》栏目组专程来到楞场村采访，节目播出当天，宝石花煎饼就接下了价值10万元的订单，卖出了以往合作社一年的销售量，销售市场也随之延伸至全国各地。

销路打开后，车晖有了谈合作的底气，通过协调，合作社同意保价收购贫困户种植的白头霜玉米，并优先雇用有劳动能力的贫困户入社务工，使贫困户每年都有了固定收益。

产业兴旺要避免单一化，实现多业并举。车晖多方争取扶贫专项资金127.8万元，建成了占地1500平方米的楞场村地瓜干加工厂，“薯他甜”牌地瓜干应运而生，期间他还顺利完成了“薯他甜”牌地瓜干的SC（食品生产许可）认证，是抚松县第一批拿到SC认证的村集体自营产品，项目当年纯收入5万元，贫困户每亩地增收2000余元。

■ 车晖为群众讲解扶贫政策

借助全省“第一书记代言”活动契机，车晖充分发挥覆盖全县的村级电商站优势，按照产业发展好、渠道拓展好、品牌塑造好、宣传推介好的工作思路，推行“第一书记代言+电商”产业推广新模式。他还自掏腰包找到专业团队制作宣传广告、微视频，利用电视、网络等媒体广泛宣传，以第一书记“真人秀”代言，生动展示优质产品的生产加工过程，公开明示消费者。

在代言活动中，车晖往来于各大商超、展会、广场、电商等展销平台，累计销售产品35万元，为村集体增收20万元，反哺23户贫困户3万元。

2019年1月，借助吉林省与浙江省对口合作的契机，车晖被组织安排到抚松县对口合作的安吉县学习培训。参加培训时，其他学员发现车晖中午和晚上总是不见人影，很是不解。培训结束后才知道，他把全部的休息时间都用在了推介产品上。短短一周的培训时间，他成功地与安吉县机关食堂及当地的百姓缘连锁超市签订了长期供货合同。谈起洽谈时的情景，百姓缘连锁超市的负责人说：“他来我们这里谈合作的时候，一点儿都不像机关干部，算盘打得比谁都精，要不是他主动说出来，我还以为这是他自己的生意呢。”

守初心圆梦想，助力振兴交答卷

“村里道路泥泞不堪、坑洼不平，道路两旁多为低矮破旧的平房，一切都是破败不堪。”回忆来村第一天的情景，车晖记忆犹新。从那时起，他就在心里暗下决心，一定要改变村里贫穷落后的面貌，不获全胜决不收兵。

村里有了钱，村民不愁吃穿了，车晖逐渐将工作重心转移到改善村容村貌上。自2017年以来，他先后争取资金196万元，改造危旧房屋，硬化村内道路，安装太阳能路灯，美化、亮化村内主干道两侧，新建面积1000余平方米的文体广场，安装各种健身器材，修建凉亭……

如今的楞场村，早已摘掉了贫困村的“帽子”，人居环境美了，村民们互帮互助，互爱互信，更像是一家人。

“自从车书记到了我们村，每天忙前忙后，把大家的事当成自己的事去办。”村监委会委员朱易朋逢人便夸车晖。“真不希望车书记离开，我还想和他研究一下种植葡萄的事儿。”贫困户李金全习惯了和车晖研究事……在楞场村，提起车晖，村民们都有说不完的话、唠不够的嗑。年复一年，车晖也熟悉了楞场村的一草一木、一砖一瓦，与村民们建立起深厚的鱼水感情。

随着时间的推移，2020年就要到来，驻村工作只剩下一年半时间，可车晖丝毫没有即将卸任的喜悦。“帮助村里规划的项目还没有全部落地生根。林下参产业、白头霜玉米种植产业乃至整村田园综合体规划……这些工作的周期很长。我要是走了，村里能不能接续上？”一边是热切盼望着他回家团聚的妻儿，一边是村里未竟的事业，怎么抉择？楞场村的村民回忆：“那段时间，总感觉车书记有点心事。”

车晖放不下为民服务的那颗初心，更放不下村民对他的信任和期盼。征得家人和派出单位同意后，他郑重地向抚松县和沿江乡提出申请，打赢脱贫攻坚战后，要继续留在沿江乡，继续在乡村振兴中贡献自己的力量。

变化的是岁月，不变的是忠诚与担当。车晖用实际行动树立了驻村第一书记的良好形象，为新时代的扶贫事业交上了满意的答卷。

（推荐单位：中共白山市委组织部　中共抚松县委组织部）

肖明君，男，1978年12月出生，汉族，中共党员，本科学历，白山市江源区残疾人联合会办公室主任。2017年1月，任白山市江源区松树镇汤河村第一书记。曾获白山市残联系统先进个人等荣誉。

一枝一叶总关情

——记白山市江源区松树镇汤河村第一书记肖明君

盛夏时节，骄阳炙烤大地。汤河村的农户家里、田地间，尽是热火朝天的劳动景象，很多往日里只会喝酒打发时间或躺在炕头睡大觉的人，此时不顾炎热，都在手脚麻利地饲喂家畜、打扫院子、侍弄园子……

村民们精神面貌发生了巨大转变，全村也从昔日的“不毛之地”，摇身一变成为今天的“怡人山村”，这些都与第一书记肖明君的努力密不可分。

3年时间里，肖明君深深扎根在汤河村，克服了生活条件的困难，顶住了脱贫攻坚的压力，赢得了党员群众的认可。如今，他因风吹日晒变得像个地道的庄稼汉，可汤河村的村民却越看他越从心底里觉得可亲可敬。

迎难而上挑重任，驻村为民显担当

汤河村是全区最偏僻的村子之一，全村共有372户722人。由于村里产业发展单一，青壮年农民基本都出去务工了，留守的多数为老人，身患大病和无劳动能力是致贫的主要原因，将汤河村形容成脱贫攻坚“难啃的硬骨头”，一点儿也不为过。

2017年，当得知自己被派到汤河村担任第一书记时，肖明君不禁心生一丝犹豫：家里有两个女儿，大女儿即将上初中，小女儿才18个月大，正是最需要父母陪伴的时候，这个时候去驻村工作，家里光靠妻子来照顾，压力很大。况且担任第一书记，意味着不仅要对自己的“小家”负责，还要对汤河村这个“大家”的300多户村民负责，这不是一个轻易能够完成的任务。但想到自己是一名共产党员，这一丝犹豫很快化作云烟。凭着为老百姓做些实事的初衷和对工作高度负责的态度，肖明君毅然选择接受这个重任。

接下来的日子里，肖明君完完全全地将自己扎根在汤河村，不仅吃住在村里，有时候周末的时间也会留下来继续工作，让驻村工作队员回家休息。村民常常看到他煮碗方便面对付一顿，心疼地叫他来家中吃饭，都被肖明君以“怕给大家添麻烦”谢绝了。

有一次，小女儿发高烧，哭着说想爸爸。妻子打来电话让他回家看看，肖明君虽然心疼，但是想到村中的集体经济项目正推进到关键阶段，很多工作需要他协调处理，自己不在可能会影响项目的建设进程，跟妻子解释之后，还是留在村里继续工作。

只身却念百家事，一颗公心换民心

驻村扶贫一项重要的基础性工作是精准识别、建档立卡。肖明君为了不漏一户，不落一人，逐户逐人进行走访了解，对个别经济条件明显在标准线以下的农户，他更是走访了10多遍，全年行车8000多公里。有时冬天个别山路坡度太陡无法行车，肖明君就顶着严寒，徒步跋涉在雪地里，耳朵冻得几乎没有知觉。即使这样，他也从没叫过一次苦，喊过一次累，更没有跟单位领导讲过条件。

贫困人口精准识别有一套十分严格的程序，“自认为的贫困”和“真实贫困”往往存在差距。面对一些不符合贫困标准的村民为了争取贫困户名额对他拍桌子、大喊大闹，肖明君秉承一颗公心，总是心平气和地劝说，将摸底调查来的数据和“八不入”要求细致地讲解给村民听。经过多次反复地认真比对，最终确定的建档立卡贫困户，全都得到了村民代表的普遍认可。凭着这种耐心和公心，肖明君在村民当中建立了良好的口碑，很多村民拿他当自家人一样看待，家中的大事小情都喜欢找他商量，他提出的观点也总能得到支持，使得危房改造、环境整治等重要工作都能够在村民的支持下顺利推进。

■ 肖明君帮助贫困户干农活儿

2018年8月，一场突如其来的洪水给汤河村带来了巨大的损失。在汛情来临之际，肖明君几乎24小时没有“合眼”，带领村干部一起走村入户，劝说居住在危险地带的村民及时撤离到临时安置点。面对一位不愿搬离的大爷，肖明君苦口婆心地劝说，看着眼前这位急得变了声的第一书记，大爷深受感动，当即收拾东西去了临时安置点。洪水过后，部分贫困户的家人自发来到村部，表达感谢之情。“亏得肖书记提醒及时，我们早早把东西都撤走了，要不然那点儿家底就全‘泡汤’了。”

村中的一座桥被洪水冲垮，阻断了通往镇里的唯一道路，村里一些留守老人行动不便，根本无法蹚河补充生活物资。肖明君看在眼里，急在心上，驱车前往镇里购买生活用品，然后卷起裤腿，背着物资蹚河送给群众，许多群众接过物资时感动得连声道谢。身边个别村干部看他太辛苦，劝他说：“你是来扶贫的，没必要做这些琐碎的小事。”肖明君却很认真地说：“只有我们把村民当家人，村民才可能会像对待家人一样全心全意地支持我、配合我。”

因地制宜谋发展，引领带动众乡亲

“钱哪有那么好挣啊！”村民的声音始终萦绕在他的耳畔，盘绕在他的心间。

肖明君在入户调查的过程中，亲身感受到贫困群众生活的艰辛和无力增收的那份无奈。如何进一步激发汤河村的活力，在综合梳理各方面意见建议后，肖明君定下了村级集体经济和庭院经济“两手抓、两手硬”的总体思路。

他首先在村集体脱贫项目上下功夫。积极协调镇政府、区扶贫办等相关部门，大力推进村集体项目发展，先是筹措资金建立榨油厂，还利用村中闲置土地，种植了60亩刺嫩芽，并在两垄中间套种沙棘树。榨油厂使村子每年产出的60余万斤大豆因深加工而大幅提升附加值，同时还能够将获得利润的30%用于帮扶贫困户。刺嫩芽项目刚刚起步，便在“第一书记代言”活动中引起了外地客商的关注，许多人致电问询，并打算建立合作关系。沙棘树盛果期前得到了周边加工企业的大笔订单，迎来了真正意义上的开门红……就这样，汤河村集体经济项目这个“造血”的泵阀真正开动了起来。

在村集体项目推进的同时，肖明君全力推进贫困户庭院增收项目。2017年，通过协调包保部门，为每户贫困户送去了鸡雏和鹅雏，当年每户增收近1000元。2018年，为有能力开展家庭饲养的农户每户送去了4头猪崽儿，当年每户增收2000多元。

在这个过程中，有的贫困户最初很抗拒劳动。肖明君详细了解这些人的经历后感受到，一些贫困户的贫困是有历史原因的，过去经营失败的经历，让这些人对创业劳动产生了本能的抵触。因此他意识到，此时的扶贫，既要扶智，更要扶志。为了打消贫困户心中的顾虑，他拍板承诺“只要按培训的办法饲养，如果养猪半途发生了变故，一切损失我个人承担”。同时，还带着材料、工具为一户态度消极的贫困户亲自编扎猪圈，他顶着烈日一干就是三天，贫困户感动之下不再抱膀旁观，而是握着肖明君的手郑重表态：“就冲肖书记为我家费的心，我也肯定好好干点儿事，再不像过去那样混日子了！”在之后的半年中，肖明君常常来到这些贫困户家中看望，了解并帮助他们解决养猪过程中遇到的困难。贫困户们看着猪崽儿一点点长大，见到实实在在的成果，都主动找到肖明君：“我们准备用挣的钱再买点猪崽儿养。”此时，组织上“输血”渐渐引领了贫困户“造血”，肖明君觉得一切努力都是值得的。

谈起当第一书记的感受，肖明君感慨地说：“3年的驻村经历，让我对于农村社会有了更深的体悟，这是我在机关工作这么多年不曾有过的。虽然工作中吃过一些苦，遇到过一些难事，但是每当看到村民们质朴的笑容和眼神中的那种期待，我都会备受鼓舞。通过自己的努力让村子发生了一些实实在在的变化，一切都是值得的！”

（推荐单位：中共白山市委组织部　中共白山市江源区委组织部）

姜宝奎，男，1980年3月出生，汉族，中共党员，本科学历，靖宇县人民检察院宣教科科员。2017年11月至今，任靖宇县花园口镇兴农村第一书记。曾获靖宇县优秀第一书记等荣誉。

把青春奉献给这片热土

——记靖宇县花园口镇兴农村第一书记姜宝奎

兴农村地处偏远，土地贫瘠，交通不便，村集体没有收入来源，村内基础设施薄弱，贫困户众多。但就是这样一个贫困落后的村子，到2018年末，全村139名建档立卡贫困人口已经全部脱贫，饮用水、入户路、路灯等基础设施一应俱全，村容村貌发生了翻天覆地的变化。

这样的变化是如何实现的？这还得从驻村第一书记姜宝奎到任说起。

面对难题，他一道一道地解

刚到任时，老支书郝世明就对姜宝奎说：“我们早些年，党员每天晚上都要开会，学习上级文件，研究生产。大喇叭一响，不管干啥都往村部赶。

去开会的路上，人们都用羡慕的眼光看着急匆匆的党员；回到家后，人们都会三三两两地聚到党员家里，打听消息。现在这是咋了？大喇叭也不响了，党员开个会都聚不齐人！”

怎么把党员群众凝聚起来，是姜宝奎面临的第一道难题。

大喇叭咋用，还能不能用？姜宝奎自己心里也打鼓。“以前，大喇叭就是传递信息、召唤群众的宣传员……现在，得让大喇叭再次发挥作用了。”姜宝奎暗暗下定决心。

在宣传发动方面，姜宝奎自身有专长，他是东北抗联暨杨靖宇精神研究会成员，也是靖宇县人民检察院东北抗联精神宣讲团成员，熟知东北抗联历史，对杨靖宇精神有着比较深刻的研究和理解。他觉得，要想更好地联系群众，必须发挥党员的模范带头作用。为此，他每年都带领党员、村民代表到杨靖宇将军殉国地以及各地的党员教育基地参观学习，亲身宣讲习近平新时代中国特色社会主义思想和东北抗联精神。他还找村里的28名党员逐一谈话，并且给每个党员亲手佩戴一次党徽。每月固定时间召集党员过组织生活，支部凝聚力得到了有效提升。

姜宝奎将所有党员作为他宣传扶贫政策、化解矛盾纠纷的“点”，让他们主动承担自己身边的“面”，有效解决了他遇到的第一个难题。

现在，看着积极参加活动的党员，听着村子里响起的广播，老支书欣慰地说：“难为姜书记了，咱村里的大喇叭终于又响起来了！”

老支书在向姜宝奎介绍村里情况时，还提到：“咱们的后山坡太陡，水土流失严重，必须得退耕还林。30年前，我花了800块钱，买了果树种植培训录像带，带着大家在后山上种果树。后来，果树太多不值钱了，村民又伐树种苞米。这后山不仅是我的心病，也是全村的隐患啊！”

如何解决水土流失问题，是姜宝奎面临的又一道难题。

为了把真实情况摸清楚，姜宝奎把后山的沟沟岔岔走了个遍，挨家挨户唠了个遍。

“种果树需要5年的成长期，村民们盯着眼前利益这没错啊！”但是，当他在后山上看到，老支书郝世明和现任支书闫久成早已将自家地改成林地后，他被打动了。“眼前虽然有利可图，但从长远看，不退耕还林还真是个事啊！咱们不能光顾自己，还得为子孙后代考虑。”原来，每一任村支书的责任，一直都在这后山上！

经过一番努力，他找准时机，找到相关政策。退耕还林后，每亩地财政给予补贴2500元，相当于村民种地6年的收入。如果种红松苗，6年以后就开始结松塔了，这在老百姓眼里就是实实在在的“定期存折”。2019年春，后山的178亩地全部退耕还林。从此以后，村里人再也不愁后山的大水了，党员们也认可了这个为村民办实事的第一书记。

扶危助困，他一户一户地帮

村里有位叫郭广香的大妈，发现自己的小叔子不靠谱，两个侄女一个11岁、一个9岁，居然都没有上学。大妈看不下去，就把两个侄女接到自己家抚养。腿脚不便的郭大妈拄着拐杖送孩子去上学时，发现孩子没有学籍；办学籍时，又发现孩子没有户籍；办户籍时，又发现孩子没有出生医学证明……这一连串问题，可难住了郭大妈。

姜宝奎了解情况后，主动帮郭大妈跑前跑后，协调有关部门免去了16000元的DNA亲子鉴定费，把两个孩子落户到郭大妈家。

为了贴补两个孩子的生活费用，郭大妈想通过养鸡增加些收入。姜宝奎得知情况后，主动帮郭大妈申请了2万元的无息小额贷款，购买了800只鸡雏，还隔三岔五地去帮着忙活。两个孩子十分懂事，格外珍惜现在的生活，帮着“妈妈”忙里忙外，每每见到“姜叔叔”，也是格外地亲。姜宝奎还发动同事、求助朋友，通过各种微信群和电商平台，帮助郭大妈打开销路。寒冬腊月，姜宝奎和驻村工作队员穿着厚厚的棉袄、棉裤到市场帮郭大妈站摊儿。当年，郭大妈仅销售公鸡一项就收入2万多元。此外，她养殖的300只下蛋母鸡，产出的“笨鸡蛋”一直供不应求。2018年末，郭大妈光荣脱贫了。

看到郭大妈脱贫了，好几家贫困户都要跟风儿养鸡，还要比郭大妈养鸡的规模大。姜宝奎东奔西走，在上级部门的支持和吉林省重庆商会的引荐下，他成功引进20000只“订单式”林下散养鸡的项目，彻底解决了养鸡项目长远发展的难题。

郭大妈养鸡脱贫记，只是姜宝奎在兴农村扶贫工作的一个缩影。在兴农村，姜宝奎因户施策，张万宝种贝母脱贫记、李和福种树脱贫记、刘成友种灵芝脱贫记……正在不断地上演。

此外，兴农村的“高山黄皮脆”品牌香瓜已经在长白山下“香名远播”，每年30万斤的香瓜，收入约150万元，这是姜宝奎为全体村民书写的“兴农村致富记”。

驻村情感，他一点一点地积

由于常年劳累、饮食不规律，他患上了严重的痛风。一次痛风犯了，他坚持驻村，半夜单腿蹦着去厕所的时候，发现自己蹲不下去。后来，他用一根绳子分别系在厕所的柱子上和自己的腰上，解决了方便的问题。事后，他向妻子吹嘘自己的聪明才智，电话两端，一个在得意地笑，一个却在心疼地哭！

■ 姜宝奎推广果树种植产业项目

把村民当亲人，姜宝奎早已融入兴农村。这家与那家之间的关系、这户与那户之间的矛盾，他都摸得一清二楚。他不仅当第一书记，还义务做律师、公证人、调解员。每年高考结束，他还邀请检察院新考录的公务员来村里和准大学生对接，教他们大学咋念，公务员咋考。

平时他“眼观六路，耳听八方”，紧盯着各部门的各种政策，凡是能给村民带来福利的，都为他们量身争取。村里的五保户、残疾人是他的重点关注对象，沟通联系得久了，感情越来越深，智障“老五”没事儿就去找他唠嗑，两个人的对话谁都听不懂，只有他俩自己明白；残疾人五保户刘忠明每次看见姜书记的车，都故意把自己的轮椅推到路中间，就为了和姜宝奎唠一会儿嗑。

姜宝奎给村里置办了一批行头和乐器，每天晚上都和村民们扭一会儿大秧歌，村民总是“嘲笑”他：“鼓点儿打得特别不着调，还就爱打鼓。”高兴了，他会给大家唱首歌：“毛主席教导我们说，知识青年要到农村去……劳动中结下的友谊，真的我会好好珍惜。”

一个星期天，女儿想爸爸了。妻子带着她去兴农村探亲。路上女儿发现村里老桥下的河里有好多鱼，就张罗着和妈妈一起去抓鱼。桥上坐着一个大娘叫孙成梅，对这娘儿俩说：“你们抓几条就走吧！我们全村人都不在这儿抓鱼吃，这些鱼是我们给姜书记留的，他闺女爱吃鱼，等他回家的时候，俺们把这些鱼抓了给姜书记带回去。”妻子是个刚强的女人，临走的时候含着眼泪对姜宝奎说：“我和闺女值了，但东西咱不能要，你好好干，咱得讲情义！”

两个“90后”的驻村工作队员问姜宝奎：“脱贫后，这个村子里的人还会记得我们吗？”

姜宝奎深情地说：“自从我来到兴农村担任第一书记，就把这里当成了自己的家，能够把青春献给这片热土，我无怨无悔。”

（推荐单位：共青团吉林省委员会　中共靖宇县委组织部）

高世龙，男，1983年3月出生，汉族，中共党员，本科学历，吉林广播电视台党委活动科科长。2016年1月至今，任靖宇县龙泉镇大北山村第一书记。曾获吉林好人、吉林省脱贫攻坚创新奖、最美白山人、白山市优秀驻村干部标兵等荣誉。

品牌扶贫闯新路

——记靖宇县龙泉镇大北山村第一书记高世龙

他从小在农村长大，心里一直有“为农民做点儿事，改变农村落后面貌”的满腔热血；

他不忘初心、牢记使命，在脱贫攻坚一线主动担当、积极作为；

他打造了“老农夫”品牌，通过互联网让大山里的绿色农产品走进千家万户，年产值突破亿元……

他叫高世龙，2016年1月被选派到大北山村担任第一书记。

访实情、察民意，成为百姓贴心人

“一个‘80后’年轻人，能带领大家脱贫致富，说出去谁都不信。”刚到村里，村干部和党员群众就向他投来了不信任的眼光。

面对大家的质疑，高世龙暗下决心，决不能给组织丢脸，让村民失望。他放弃休息时间，走家串户，踏遍了村里的田间地头，全面了解村民的实际情况……仅用两个月时间，就完成了两万字的帮扶计划。

要想赢得群众的认可，迅速打开工作局面，就必须帮助村民办实事。高世龙在走访中发现，贫困户王强母亲去世较早，自幼随父亲生活，15岁时父亲因病丧失劳动能力，家里所有负担都压在了王强一个人的身上。更不幸的是，王强于2011年患上了股骨头坏死，生活不能自理，父子俩相依为命，住在四处漏风的房子里。得知这样的情况，高世龙心里特别难受。大北山村像这样的特困户还有6户，他们每年靠领低保金维持生活，拿不出危房改造项目的启动资金。于是，高世龙号召亲朋好友筹集资金，为6户特困户建起了新房，让他们搬进了窗明几净的大瓦房。

这件事在村里传开了，大家不再把他当成外乡人，而是当成为百姓谋福利的贴心人。高世龙用自己的决心、信心和耐心消除了大家的顾虑，赢得了村民的信任，为帮扶计划顺利实施迈出了坚实的“第一步”。

建项目、兴产业，拓宽群众致富路

大北山村是长白山下的一个小山村，自然资源丰富，可是村民既不懂得开发和利用，又没有好的销售渠道，很多农副产品都被困在了大山里。高世龙认真分析大北山村的资源优势，反复实地考察，发展散养人参猪项目的思路应运而生。

为了让项目尽快落地，他带领全村100多名村民，起早贪黑连续奋战，男女老少齐动手，挥着铁锹、扛着木料、推着小车……仅用8天时间就建成了3000平方米的猪舍。现在，人参猪存栏200多头，带动18户贫困户实现脱贫致富，人均增收4200余元。

为彻底解决村里种植结构单一的问题，进一步提高增收致富的能力，高世龙组织村民大力发展中药材、食用菌、林下养殖和庭院综合体项目。如今，村民和贫困户自发创业形成的小规模家庭式经营实体已经达到23个，全村经济作物收入由425万元增加到8200万元，增长了近20倍。

高世龙深知，脱贫项目再多再好，如果没有品牌，好产品也卖不上好价钱，也无法在市场上长期立足。在帮扶单位吉林广播电视台的支持下，高世龙带领村“两委”班子建起了山野菜加工厂，于2016年9月在国家工商总局注册了“老农夫”品牌，成立了吉林省老农夫生物科技开发有限公司，开启了品牌引领扶贫的新模式。

在中共吉林省委组织部、省委宣传部组织开展的“第一书记代言”活动中，他充分利用媒体资源，积极为“老农夫”系列产品代言。他还根据市场发展，创新实施品牌扶贫计划，将县内35家企业、50余种特色产品全部整合纳入“老农夫”品牌，由“老农夫”公司负责市场开拓和销售。

为了拓宽“老农夫”产品的销售渠道，在推广实体店上架销售的同时，高世龙利用业余时间自学电商运营知识，开设了大北山村线上销售平台，使多年沉睡在大山深处的绿色农产品销往全国各地，走上了更多百姓的餐桌。

自2016年9月实施品牌扶贫计划以来，“老农夫”品牌带动县内销售收入突破了1.2亿元，直接为村民分红28万元，带动396名贫困对象脱贫。

办实事、惠民生，提升村民获得感

3年多来，高世龙以村为家，为村民解难题、谋福利，组织开展了“蚂蚁回家”“村外的妈妈”等活动，全力打造一个有温度的村集体，召唤更多村民“回家”。

2017年2月，青岛救助站将一名身患重病、在外打工的村民送回村里。他已没有任何亲人，高世龙带领村干部连夜把他送到医院，垫付住院费，悉心看护治疗。多年来没人关怀的这名村民含着泪说："谢谢高书记，感谢党，感谢政府，让我找到了家。"

这件事引发了高世龙的深思，经过排查，大北山村有30余户鳏寡孤独的贫困边缘户，一直游荡、散落在全国各地。为此，高世龙组织实施了"蚂蚁回家"项目，让流浪在外的村民感受家的温暖。想让他们在家乡扎根，最有效的办法就是帮助他们自食其力，过上稳定的生活。他动员回乡村民加入了食用菌合作社，让他们既赚到了工资，找到了存在感，也重新拾起生活的信心，重新规划自己的人生。

一次入户时，高世龙看到一个5岁的孩子在墙上写满了"还有7天就过年了"的字样。原来，孩子2岁时母亲去世，奶奶一急之下患了脑出血，从此卧床不起，父亲常年在外打工，只有过年时才能回家。孩子内心热切期盼着过年，期盼着与父亲团聚。高世龙就跟妻子商量，让她当孩子"村外的妈妈"，经常过来陪陪孩子，在心理上、情感上、生活上给予他温暖和呵护。靠着这种方式，高世龙与长春的亲朋好友多方联系，帮村里的4个孩子找到了"村外的妈妈"，不仅资助他们完成学业，还在生活上给予他们无微不至的关爱，让这些单亲孩子的心灵得到了慰藉，成长的路上少了很多荆棘。

■ 高世龙查看天麻长势情况

为了提升村民幸福感，高世龙积极争取资金592.5万元，先后建成了5.2公里村级水泥路、1.9万延长米栅栏、2座村级桥梁、架设80盏路灯等基础设施。如今的大北山村旧貌换新颜，整洁的街道、干净的房屋，加上村民的笑脸，实现了一个美丽和谐乡村的华丽转身。

舍小家、为大家，无怨无悔献真情

大北山村由4个村合并而成，贫困人口多，脱贫任务重，工作量很大。高世龙一心扑在脱贫工作上，初来时还是身体棒棒的小伙子，但因长期超负荷工作，体检有多项指标不正常，胃炎、风湿等疾病缠身。在改善村容村貌过程中，高世龙事事身先士卒，仗着自己的好体格，一直都抢重活儿干。在修建村广场时，他因为抬木头而闪了腰，从此落下了腰肌劳损的毛病。

在这3年多的时间里，高世龙常常因为工作放弃了节假日，一两个月不回家是常事，家里有老有小，所有家庭重担都压在了妻子的肩上。他驻村之初，儿子只有3岁，现在已经上小学了。儿子做眼睛手术，哭着喊着要爸爸，高世龙却因村里工作忙没办法陪在孩子身边，只能看着妻子发过来的视频泪如泉涌。后来，他把这段视频从手机里删除了，说："实在是不忍心再看，对家人的歉疚是一辈子也补不齐了。我不是一个人在扶贫，更多的是一个家庭在扶贫。"

面对家里的困难和自身的伤病，高世龙仍坚守在村里奋斗着，他说："我的工作还没完成。"

"'老农夫'品牌正在逐渐壮大，希望它早日羽翼丰满，具备自我发展的能力，帮助这里的百姓都过上幸福美好的生活。"3年来，高世龙与村民心连心，用满腔赤诚扎根农村，带领大北山村村民走出了一条品牌引领脱贫致富的新路。

（推荐单位：中共白山市委组织部　中共靖宇县委组织部）

蔡光洁，女，1985年10月出生，汉族，中共党员，本科学历，吉林省台湾同胞联谊会联络处主任科员，政协吉林省第十二届委员会委员。2016年1月至今，任长白朝鲜族自治县宝泉山镇马家岗村第一书记。曾获全国台联系统先进工作者、吉林省脱贫攻坚贡献奖、吉林省十大杰出青年、白山市优秀第一书记标兵和长白好人等荣誉。

大山深处，一朵美丽的映山红

——记长白朝鲜族自治县宝泉山镇马家岗村第一书记蔡光洁

“崎岖的山路边，是一连串矮小破旧的房舍，贫瘠的耕地更显出这里的偏僻与荒凉……”这就是蔡光洁对马家岗村的第一印象。

马家岗村位于大山深处，地处偏远、交通闭塞，平均海拔998米，距离长白朝鲜族自治县110公里，村子四面环山，耕地仅10公顷，每年无霜期仅110天左右。

2016年1月4日，蔡光洁被选派到马家岗村任驻村第一书记。一晃3年时间过去了，从最初的备受质疑到深度信任，从开始时看笑话到后来一起干，从到任时的疏远到现在的离不开，“80后”的女第一书记用真心真情赢得了村民的信任和支持，用智慧和汗水改变着小村的贫困面貌。

满腔热血，却遭遇信任危机

“你想干啥？”“你能干成啥？”“这里的环境不适合你……”刚刚到任的蔡光洁满怀信心，准备大干一场，却不想迎头遭到一盆“凉水”。

在第一次村“两委”班子会议上，蔡光洁开门见山地说：“我来这里是带着任务的，就是帮助贫困户脱贫，带领大家发展致富产业。”话音刚落，坐在身边的村主任半开玩笑地说：“发展产业，你能在咱村里建个滑雪场吗？”村会计也在一旁帮腔：“你从省城到我们这穷山沟，这苦你能受得了吗？我们看着你都心疼，能早点儿回去就早点儿回去吧！”

蔡光洁心里想，村干部是不相信她能在这里长期干下去。于是，她心平气和地跟大家讲政策、说形势、谈前景。“我们脱贫攻坚，不可能一口吃个胖子，但我们可以从实际出发，发展一些适合我们村特点的项目。”一番有理有据的话语，打动了村主任：“别说，丫头，你的想法不离谱。”

为了尽快进入角色，蔡光洁开始挨家挨户走访贫困户。过惯了苦日子的村民，虽然也渴望摆脱穷困生活，但和村干部一样，并不相信蔡光洁能够帮助他们拔掉穷根。有一次，她刚刚走出一户村民家门，屋里就传出一声：“扯淡！比画几天就跑了。咱这山旮旯，谁来都没用！”

村干部和村民的质疑声不绝于耳。蔡光洁明白，大家是没把她当回事，不相信她有这个能力。越是这样，蔡光洁越暗下决心：要干出个样来！

进行细致的调查摸底，建立贫困户信息档案；广泛听取困难群众意见，因地制宜规划马家岗村未来发展；科学分析每个贫困家庭劳动力现状、贫困原因和生活需求，根据群众意愿，制定具体帮扶措施……蔡光洁脚踏实地，一步一个脚印扎实开展各项工作。

渐渐地，蔡光洁用实实在在的扶贫之举，为村民生活带来了希望；渐渐地，村民们也向蔡光洁投来信赖和期待的目光。怎样才能把党员干部和群众拧成一股绳？关键是发挥好党支部战斗堡垒作用和党员干部先锋模范作用。为此，蔡光洁身先士卒，以身作则，凡事都走在前头，带领村里党员干部，遇事向前冲，决不往后站。

2016年的5月，是村民们移栽人参的时节，漫山遍野开满了火红的映山红。在这如画的春光里，一幅更美好、更感人的图景呈现在人们眼前：田野间、山坡旁，村里的党员干部在蔡光洁的带领下，挥汗如雨，和村民们一起栽植人参。

到了中午，大家开始张罗吃饭。一位村民拿出从家里带来的油条和咸菜，对蔡光洁说："如果不嫌弃，就和我们对付一顿吧。"蔡光洁一屁股坐在山坡上，和村民一同吃起来。和村民的距离拉近了，心也贴近了。"咱村的党员干部，越来越像样了！"村民们暗自竖起大拇指。

发展项目，增强"造血"功能

蔡光洁深知，脱贫攻坚必须抓住产业这个根本。

发展产业，既要有短、平、快的项目，又要有长期、稳定、高效的产业。马家岗村是个"空心村"，老弱病残人员多。面对贫困户劳动力不足的现实，她提出立足当地资源禀赋，尽快发展让群众能参与、百姓多受益的项目。

经过深入调研，确定把饲养生态鸡作为发展产业项目的"试金石"。从谋划到启动再到投产，这个项目凝聚了蔡光洁太多的心血和智慧。贫困户手中没钱，她筹措1万元启动资金，为每户购买了50只鸡雏。缺少资金无法扩大规模，她又联系一位企业家朋友，争取到2万元捐助，用来扩大养殖规模。大山深处销售渠道不畅，她想方设法注册"蛋咯咯"土鸡蛋品牌。为了减少中间环节，她开通马家岗村微信公众号，实现蛋品线上线下销售。

凭借品牌和信誉，“蛋咯咯”土鸡蛋逐渐打开市场，声名远播，产品供不应求。仅此一项，2017年，马家岗村贫困户人均增收1500余元。

蔡光洁知道，要想让贫困群众长久脱贫不返贫，必须让村级集体经济先壮大起来才行。经过与村干部、党员和群众代表多次协商后，大家对沙棘种植这个项目表示支持。她行程千里，专程前往黑龙江省考察沙棘产业发展前景。沙棘是一种落叶灌木，适合在高山沟谷中生长，具有降低胆固醇、缓解心绞痛、祛痰止咳、健脾养胃等功效。她多方拜访老中医，查阅资料，反复分析确认这种药材的经济价值。经过不懈努力，这个投资少、见效快、收益长久的沙棘种植项目，最终落户马家岗村。为了拓展沙棘果销路、解决村民后顾之忧，蔡光洁多方奔走，和县里一家生物科技有限公司签订了收购合同。

如今，村里种植的沙棘已达百亩，每亩产的沙棘果年收入可达3000元，既破解了困扰村级集体经济发展的难题，又给村民带来了永久性财富。

贴心关爱，编织村民幸福梦

让每一户人家都过上幸福生活，是蔡光洁追求的目标。她致力把马家岗村打造成“幸福村”。

■ 蔡光洁参加“在爱的阳光下健康成长”“六一”儿童节主题活动

贫困户李梅英年老多病，丧失劳动能力，儿子和老伴儿相继去世，儿媳改嫁，两个正在读书的孙子由她独自抚养，一家人生活十分拮据。

得知这一情况，蔡光洁一次又一次登门造访，面对李梅英的声声叹息，蔡光洁深情地说：“无论什么时候，都不能失去生活的勇气。别担心，我们来帮助你。”她立即协调县民政局，按规定为李梅英的两个孙子办理了低保；并在吉林省台湾同胞联谊会理事中开展“爱心助学子”捐款活动，为两个孩子争取到每人每年4000元的教育经费，直到高中毕业。

偏远贫穷致使村里很多孩子都失学在家。蔡光洁深知教育能改变命运的道理，她不想让贫困阻断孩子们的求学路，也不想让大山挡住孩子们的视野，她一次又一次奔往失学儿童的家，一次又一次做通失学儿童父母的工作，为失学儿童尽可能地创造学习环境。

她组织开展“在爱的阳光下健康成长”系列活动，呼吁爱心人士捐书捐物，带领孩子们遨游于图书的海洋；她利用寒暑假时间，在村里开设临时小课堂，开展丰富多彩的课余文化活动……一次次活动，拉近了她和孩子之间的距离，孩子们都亲切地叫她姑姑；而那些孩子，也成了她心中无法割舍的牵挂。

然而，一个小小的“卷饼事件”，却深深触动了蔡光洁的内心。那是一个双休日，蔡光洁组织村里的孩子们开展活动，中午时，她亲手烙了一些卷饼，炒了几个小菜，给孩子们做午饭。可是，孩子上了桌，望着卷饼和菜，却不知道怎么吃。生长在闭塞的大山里，孩子们没有见过外面的世界。

“绝不能让大山挡住孩子们的视野！”蔡光洁下定决心，多方联系，开展了“新的起点，扬梦起航”研学夏令营活动，组织孩子们到长春交流学习。2019年暑假，蔡光洁还带着孩子们走进吉林广播电视台乡村广播，参加少儿风采秀节目。当孩子们听到他们演唱的《祖国祖国我们爱你》等歌曲，随着电波飘扬到小山村的时候，心里别提多兴奋了。

村民的身心健康，蔡光洁更是时时牵挂于心。在走访中，她发现，许多村民家的药匣子里，只有去痛片。不管大病小病，不舒服的时候就吃点儿去痛片，能挺过去就挺过去，挺不过去就耽误成大病了。由于马家岗村地处偏远加之生活困难，村民很少有体检的机会，她就联系吉林省第一荣复军人医院到村里为村民免费体检，并赠送2万余元的药品。

为改变马家岗村的脏乱面貌，她先后向县扶贫开发领导小组办公室、县财政局申请村内街路两侧排水边沟、路面硬化等项目。2018年初，在吉林省政协会议分组讨论中，她将马家岗村的扶贫情况做了介绍，吸引了一位香港委员为马家岗村投入房屋修缮和项目建设资金150余万元。

为了唤醒村民们对幸福生活的渴望，2017年春节，她在村里举办了联欢晚会。她和驻村工作队员给每户村民拍摄了一段小视频，让他们说出新一年的愿望，视频经过剪辑整理后，在联欢晚会上播放。看着自己的影像在电视上呈现，村民们很受鼓舞，坚定了为心中目标奋斗的决心。

如今的马家岗村，房屋整洁，道路宽敞，一个个农家小院别有风致，村民的精神面貌也焕然一新。3年奋战，蔡光洁的愿景正在一个一个实现。

亲情难舍，母亲牵挂也是前行动力

儿行千里母担忧。每次离开家去村里，母亲都恋恋不舍，送了一程又一程。

2018年的冬天，大雪封路，她在省里开完会，当晚就急着往村里返，心里还惦记着几户村民的危房改造、几家农户养鸡规模的扩大。母亲惦记着她的安全，就和她一起驱车赶往。

在车里，她和妈妈聊的，还是扶贫的事。“妈，这次开会收获很大，又为村里争取到一笔资金。”妈妈说道：“好闺女，早点儿完成任务，好让我抱上外孙。”2016年刚驻村时，蔡光洁和爱人已经结婚3年多，本来计划生个“猴宝宝”，可一拖再拖转眼又是2年，计划还没有实现。

蔡光洁笑着，又想起村里那些可爱的孩子，于是和妈妈开玩笑说：“妈，会有的，而且还很多，哪天我把村里的孩子给你领来，都叫你姥姥……”

当车行驶到长白朝鲜族自治县地段时，天气骤变，漫天大雪扑面而来。车子行驶在乡间公路，左拐右拧直打滑。突然，一不留神，车子掉进了路边的深沟里。这样的情况，蔡光洁已经不是第一次经历了。

前不着村后不着店，茫茫雪野里，母女俩几次尝试推车，都没能成功。冰天雪地里，她和母亲只能守着这辆车，等待救援。过了一个多小时，终于有一辆车经过，在好心人的帮助下，车子又驶回了正轨。这样一折腾，蔡光洁回到马家岗村时，已近半夜。

2019年“七一”期间，蔡光洁组织村民参加文艺会演，接连几天的忙碌，使她患上严重的感冒，高烧39度仍坚守岗位，后来上吐下泻，被紧急送往医院。村民们听说她病倒了，准备了鸡蛋和营养品，争着抢着到医院看她。“那一刻，我的心里暖暖的。”蔡光洁说起往事，脸上露出幸福的笑容。

马家岗的村民把蔡光洁比作山里的映山红，人美心灵更美。高山脚下，脱贫路上，蔡光洁的脚步从未停歇，她说：“我愿做一朵最美的映山红，映红村民的幸福生活。”

（推荐单位：吉林省妇女联合会　中共长白朝鲜族自治县委组织部）

宋孝进，男，1985年5月出生，汉族，中共党员，本科学历，松原市粮食和物资储备局干部。2015年6月至今，任长岭县利发盛镇双庙子村第一书记。曾获松原五四青年奖章等荣誉。

当领路人，做贴心人

——记长岭县利发盛镇双庙子村第一书记宋孝进

2019年5月的一天，双庙子村邵立民的家里，欢声笑语热闹非凡。50岁的老邵，一次性出栏大小肥羊49只，6万元收入实实在在揣进了腰包，发了一笔“羊财”。

“多亏了小宋书记当年发给我3只羊，还经常不厌其烦地叮嘱我把羊养好，要不我哪有今天!”邵立民口中的小宋书记，就是双庙子村驻村第一书记宋孝进。

做村民的自己人

2015年6月，宋孝进到双庙子村担任驻村第一书记时，刚刚而立之年。

“嘴上没毛，办事不牢。一个年轻人，能懂啥农村工作。”看到这个初来乍到的年轻书记，村民们议论纷纷。开展驻村工作，第一项要做的就是入户走访，了解基本情况，但村民们不信任的态度，让宋孝进的工作一开始就陷入僵局。

这时，一个经验丰富的村干部提醒他：“农村的事急不得。乡亲们讲究个对味儿，能跟你说心里话才能不把你当外人。”

说群众话，唠群众嗑，交朋友摸心思。宋孝进把称谓由“你”变成“您”，“你家”变成“咱家”。从帮工开始，谁家有个大事小情，他都去搭把手；地里的农活，他也一样不落。

为了和老百姓心贴心，用宋孝进的话说，他脱掉了“三层皮”，宣传解释党和国家各项扶贫政策，“嘴脱了一层皮”；帮助贫困户干活，“手脱了一层皮”；挨家走访贫困户了解情况，“脚脱了一层皮”。

脱掉这“三层皮”，宋孝进也完成了由一名机关干部到一名村干部的“蜕变”。老乡们觉得这个干部没架子、亲切，说话就不隔心，有啥说啥。渐渐地，小宋书记的话，乡亲们开始往心里去了。

做产业发展的领路人

双庙子村有66户贫困户，不少人家都是因为“病倒一人，拖垮全家”。许多人家，房屋只有外墙是完好的。房梁歪歪斜斜，勉强支撑着屋顶的重量，卧室窗户上没有一块完整的玻璃。

“我很清楚，我的职责就是要让村民们都富起来！”结合双庙子村的实际，在入户走访的基础上，宋孝进与村“两委”班子研究，将发展庭院经济作为贫困户脱贫致富的重要抓手，帮助村民合理规划土地、科学种植养殖，逐户制订方案。

结合村里实际情况，他争取到资金20余万元，购买了132只怀孕母羊，给有养殖能力的贫困户每户发放3只，当年就带动44户贫困户脱贫。母羊生小羊，小羊大了再生小羊，循环往复，这个项目已经成为贫困户脱贫的支柱产业。

他带领贫困户从养殖育肥羊到种植马铃薯、红辣椒，再到种植谷子、油葵。庭院经济让大家伙儿来了精神头儿。村民刘勇家里的小园儿，每年能打出300斤小米，通过第一书记卖出去，也是一笔不小的收入。刘勇脸上洋溢着笑容："人活就活个心气儿，我现在心气儿足，干劲儿十足有奔头。"

2016年宋孝进组织村民成立了合作社，注册了品牌，把双庙子村的小米，吆喝到四面八方，在浙江、上海、长春等地建立了稳定的客户群。2017、2018连续两年，全村庭院谷子种植面积达到4公顷以上，户均增收1600元左右，小庭院促进了农民大增收。

俗话说，不怕山高，就怕腿软。带领群众翻过贫困这座大山，也是如此。看到双庙子村脱贫攻坚的内生动力足了，脱贫干劲儿有了，宋孝进又开始琢磨，脱贫不是为了一时摘帽，找准产业、对准人头，要让贫困户真正参与其中，干得了、干得起、长受益。

双庙子村种植荞麦、小麦很有历史，村里人都有一手擀面条的绝活。用传统小磨磨制的面粉，制作出来的荞麦面条、荞麦饺子、荞麦饸饹，成为远近闻名的美食。十里八村的人都说这里产的麦子有面味，筋道好吃。然而好口碑却没有带来好效益，家家户户只种个两三亩，也就够平时包饺子和擀面条。种植规模上不来，主要是农民嫌费事：从春种到秋收，得浇四遍水，田间管理还得及时跟上。瞅着这个"富矿"，宋孝进找到了双庙子村产业发力的着眼点，农机化农民专业合作社应运而生。不仅仅是小麦、荞麦，还有大豆、红小豆、绿豆，这些绿色农作物，在双庙子村一片片生根、开花、结果。

宋孝进还在实施一个项目，利用双庙子村现成的小麦、荞麦，办一个荞面条加工厂。统一生产资料供应、统一播种、统一深松、统一收割，加工绿色小麦、荞麦。这一串“绿色”，叠加起来带动荞面条品牌的形成，打进千家万户，让乡亲们在冬闲时节有个新营生。

这几年，双庙子村的乡亲算是开了眼界。松原市粮油质量检验检测站，给咱绿色产品把关；省城来的包装设计师，给咱的产品穿上了漂亮衣服；浙江的客商，到咱村里来签约。这一系列的大变化，提神又提气。

在双庙子村，养殖产业、庭院产业、高效农业三元驱动的脱贫格局，一天一个俏模样。

做贫困户的贴心人

精准扶贫，精准脱贫，大事小事都要抓。驻村以来，汽车里程行驶了快10万公里，轮胎跑坏了4条，减震器换了2个，宋孝进开着自己的车东奔西跑，从不计较。

960平方米的文化广场建起来了；村级养老服务中心提升了档次；田间水泥路、村级柏油路一天天延伸，农田抗旱井达到140眼，解决了乡亲们出行难、耕作难的问题；一间间歪歪斜斜的危房变成了宽敞明亮的大瓦房；贫困家庭的孩子又重新走进了书声琅琅的课堂……一项项举措，温暖了贫困群众的心，增强了脱贫致富的动力。

■ 宋孝进元宵节看望贫困户

与此同时，宋孝进大力实施“党员创业带富”工程，采取政策支持、技术培训、基地孵化等形式，让党员干部为群众创业搭台引路，引导农村党员示范，带动广大群众共同创业发展。把愿不愿、能不能带头致富，作为农村党员“四讲四有”的重要衡量标尺，并结合“两学一做”学习教育和主题党日活动，不断加大党员党性教育和技能培训，让党员既有创业致富的意识和本领，又能发挥出创业帮带的示范效应。

4年间，乡亲们的冷暖，宋孝进记在了心间。

在这4年，宋孝进也走进了婚姻的殿堂。可当初跟媳妇说好的海南蔚蓝海天蜜月，最后却变成了双庙子村谷子地里看风景；这4年，宋孝进的爱人张宇一个人筹备婚礼，一个人跑去医院产检……已经习惯了一个人生活，自己照顾自己。歉疚太多，也错过了太多，宋孝进甚至觉得已经11个月的儿子还有些“陌生”。“说实话，这几年的精力全都用在村里的工作上了。”笑了笑，又叹口气，这个风风火火的大男子汉眼圈红了。

4年来，宋孝进以自己的辛苦指数，不断提升贫困群众的“幸福指数”，绘就了双庙子村脱贫致富的“锦绣图”。

最近，宋孝进将自己的微信头像换成了风中摇曳的荞麦花。荞麦花，象征着美好、淳朴、坚韧，也代表着宋孝进对双庙子村芝麻开花节节高的期盼。

（推荐单位：中共松原市委组织部　中共长岭县委组织部）

张作军，男，1974年2月出生，汉族，中共党员，本科学历，松原市科学技术局副调研员。2015年6月以来，任长岭县海青乡尹家炉村第一书记。

脱下军装还是个“兵”

——记长岭县海青乡尹家炉村第一书记张作军

“咱们尹家炉村这个第一书记可真不错！这个黑小子，不练假把式，专门儿出真招儿。仅仅3年多，路也修了，井也打了，产业也有了。”尹家炉村退休教师牛传发对村里的第一书记赞不绝口。

牛传发提到的这个第一书记，叫张作军。2015年，离开军营、惜别战友刚一年多的张作军，被派到尹家炉村任第一书记。

3年多来，张作军带领村里一班人马立规划、想思路、定方案，察民情、知民意、解民忧，干起工作不分节假日，从不计较个人得失。他把村民当亲人、当朋友、当老师，千方百计为百姓脱贫，一心一意为乡亲致富。

谋长远：建设基础设施

张作军常说，搞脱贫攻坚，不是一招一式的短期行为，得搞一些长项工程。建成了，就让它挺上十几年、几十年。

在一次入户调查时，一社村民毕春告诉张作军："涝是一条线，旱是一大片。尹家炉的田地怕旱不怕涝，特别是六社长发屯，一遇到春旱，连地都种不上。"

张作军心里盘算，解决旱的问题，就是打井呗。2017年，他和村书记李万山跑到县水利局。谈情况，说计划，下保证。说得有理有据，讲得情真意切。经过协商，最终筹资打了201眼井，覆盖全村1490公顷农田。

"电机井1天就能浇1公顷地，电费是50块，省钱省工省力。这样的井，我们省着点儿用，一用就是十几年，甚至几十年不坏。"李万山乐呵呵地说，"我们是全县首例水利示范村，还有7公顷省级水利示范田。"

让村民喝上安全水早就是张作军心里的小九九。2018年，通过和长岭县水利局协商座谈，决定给尹家炉村的5个自然屯安自来水。安自来水就得打深水井，打深水井就得建井房子，建井房子就得占地。由于资金原因，建房占地没有报酬，经过几番研究都没谈拢。后来，张作军通过做工作，把井房子建在社主任家。自来水系统建成后，每天早晨6点、中午11点、晚上6点自动给水。

经过村民代表大会研究，村里为每户交4吨水的钱，超出部分每吨水4块钱由村民自己付。村民倪广发说："咱们也过上城里人生活了，不用到外边挑水了，一拧水龙头，水就哗哗来了，省得冬天挑水冻得嘶嘶哈哈的。"

"尹家炉村大多数都饮用了自来水。为啥说大多数呢？其中，有个别户原来有自吸泵，考虑同样用电，就不喝自来水。"张作军说破嘴磨破舌地挨家做工作，自来水和自然水不一样，自来水是安全水，自然水不一定安全。

"这村民哪，既善良又固执。"张作军无奈地说，"还有的村民怕施工破坏地面瓷砖，就不安自来水。这几天，有的后悔了，要安自来水。只要村民想通了，我们将随时给他们安装自来水。”

蹚富路：发展扶贫产业

贫困村之所以贫困，与大多数农民保守、不敢闯不敢试有很大关系。“说白了就是不敢尝试，总认为挣到手的钱才是钱。不愿意往出拿，就怕拿出去收不回来。”张作军刚驻村时遇到了这样的难题。

要想让农民提高收入，就得想新招儿，不能老种大苞米。种植结构总调整，苞米结构总也调不了。要想让农民改变观念，就得让他们先出去走一走，学一学，要让老百姓“见见世面”。

还是2015年的时候，张作军就动员村民种辣椒。“你就说出花儿来，他们也不种。”张作军苦笑着说。不种，不是没原因。前几年有几户种过，收益很不好，甚至有的赔了钱。

张作军当兵时在洮南，那时候他就知道洮南金塔集团的辣椒出名。他就用大客车拉着30多名能看明白门道、能说清楚事的农民，到洮南金塔集团现场参观学习。这次学习，大伙儿看明白了，原来种植辣椒赔钱，是因为种的不对。就这样，老百姓的心活了，有了底气，增强了种植辣椒致富的信心，村民们纷纷开始种辣椒。

秋收后，张作军掰着手指头给大家算了一笔账：当年，农民就种植辣椒50垧，1垧地种6万株，1株产1斤，种辣椒是大苞米收入的两倍，当年增收50万元。全村贫困户仅庭院经济种植辣椒一项，户均增收1000元以上。这回农民信了，尝到了甜头儿。

后来栽大棚樱桃可苦了张作军。2017年，县扶贫办给尹家炉村建了10座大棚，5座暖棚，5座凉棚。当年9月末就交工了。然而，向村民发包，找谁谁都不包。农民说，也知道包大棚有优惠、能来钱，但是，对经营大棚不懂，怕赔钱。当时，张作军也犯愁了。

“都说我张作军心灵脑子活，没有憋死的牛，只有愚死的汉。”后来，他想起了吉林农业大学的张广才教授。通过张教授联系到伊通满族自治县农业局的朋友，就去伊通考察果树。通过研究和测土质，确认尹家炉村可以栽大樱桃。李万山说：“从栽那天起，我们就担惊受怕，就怕栽不活。我们总共栽了391棵樱桃，只死8棵，成活率达到98%。这可把我们乐坏了。之所以能保证成活率，多亏张作军了：在起树苗儿的时候，他就挨棵看着，告诉工人，必须按画的印带挖，差一点儿也不行。把树起到地面后，用胶带把每棵树的土蛋紧紧地粘好。”

■ 张作军在技术员的指导下，为大樱桃树剪枝

腊月里，张作军手套都不戴，光着手逐个摸着验收，把他手都冻肿了。大家让张作军到屋里暖和暖和，他却说：“我当过兵，当兵是干啥的，就是为老百姓冲锋陷阵的，冷点儿、冻点儿算个啥。”在装卸时，张作军告诉工人，必须轻抬轻放。栽植时，由于樱桃树体形大，他就把大棚的骨架先用电锯切开，再用电焊焊上。从在伊通起树，再用5辆大车往回运输，直到栽树，每个环节都细之又细。“我们和伊通方面用微信视频交流，说成活率达到98%。他们说成活率能达到70%就不错了。他们很惊讶，认为这简直就是奇迹。”张作军介绍说。

解民忧：情系百姓疾苦

张作军始终把知民情、解民忧记在心间，抓在手上。尹家炉村原有贫困人口115户344人，现在还有13户贫困户，36个贫困农民。

村民迟洪武一家三口，儿子迟龙三十多岁，膀大腰圆，患有重度精神疾病，成天打人，连父母都打，把左邻右舍吓得不敢出屋。加上迟洪武在外打工时，右胳膊被绞断，成了残疾人，他的妻子为儿子操心，为丈夫上火，整个人心力交瘁。张作军得知情况后，一边安抚迟洪武，一边帮助联系松原市神经精神病医院给提供免费治疗，这可除去了迟洪武的一块心病。迟洪武两口子见人就说："没有张书记的帮助，我们家没个消停，永远都脱不了贫哪，哪能像现在这样过上幸福日子呀！"

贫困户程福禄家有5个儿子，被村民戏称为"五小龙"。他们身体都不差，就是不会过日子。住着几间土房，一下雨就稀里哗啦。屋里杂物满地，连下脚儿的地方都没有。张作军帮助程福禄家申请贷款盖起了房子。现在，程福禄老两口儿在家种地，张作军负责给3个没成家的孩子找活儿。凡是尹家炉村有啥项目，需要用工，他家优先。这样，不用外出打工，不需要盘缠路费，挣的钱还能经管回来。现在，老程家过得比原来强多了。

张作军说："贫困户，家家都不一样。作为第一书记，就得做到心中有数。在扶贫上，就得'一户一策'。"

3年多来，张作军想的都是让群众脱贫致富的暖心事。一提起张书记，全村干部群众都竖大拇指。上级一来考核，村民都悉数张书记为他们做的好事，他们恳求考核组："千万不要让张书记走啊，这样的好书记再没第二个啦。"

军人退伍不褪色，张作军始终不忘自己永远是个兵。为乡亲脱贫，为百姓谋利，是兵的本色，也是兵的义务。穿着军装是兵，脱下军装还是兵。

（推荐单位：中共松原市委组织部　中共长岭县委组织部）

赵玉明，男，1974年12月出生，汉族，中共党员，本科学历，辽源矿业集团有限公司金宝屯煤矿煤质科工会主席。2016年3月，任长岭县大兴镇永胜村第一书记。曾获感动长岭十大人物、吉林省煤业集团有限公司劳动模范等荣誉。

写给妻子的驻村日记

——记长岭县大兴镇永胜村第一书记赵玉明

“挥泪送别爱妻，毅然带着爱女，背起行囊，踏上脱贫攻坚路。你用朴素的心愿、高尚的心灵为永胜村点亮一盏希望之灯。”这是2019年首届“感动长岭十大人物”评委会为永胜村第一书记赵玉明写下的颁奖词。

尽管遭遇了人生不幸，但他却战胜命运，出色地履行了自己的职责和担当，与永胜村的乡亲们一起，千方百计谋发展，最终摆脱贫困，走上奔向小康的希望之路。

翻开他的驻村日记，我们看到的是一位热血男儿满腔的为民情怀，也看到了一位铮铮硬汉的柔情似水……

“亲爱的春艳，这是没有你守在我身旁的第二个元旦。女儿已经高一了，和乡亲们相处得特别好，有几位大姨还想认她做干闺女呢。”

从万宝煤矿汽车队司机、修理班长，到金宝屯煤矿煤质科工会主席，赵玉明在煤矿系统工作了20年，先后获得过煤矿系统先进个人、优秀共产党员、吉煤集团“十大劳动模范”等荣誉。2016年3月，赵玉明离开了窗明几净的办公室，离开了身体不好的妻子，更顾不上正上中学的女儿，来到永胜村驻村扶贫。善解人意的妻子毫无怨言，挑起了照顾老人和孩子的家庭重担。因为会用电脑、熟悉网络，借着到村里看望丈夫的机会，妻子常常帮助赵玉明整理文档、发送材料。妻子的温柔贤惠和理解支持，让他干劲儿十足、满心幸福。

可是，天有不测风云。赵玉明只知道妻子患有胃病，平时胃疼时，吃点药就挺过来了。哪承想，在他扶贫驻村后短短几个月，妻子就被确诊为胃癌晚期！赵玉明无法接受，又不得不面对这个残酷的现实，咬着牙、含着泪，不向组织说也不和村里说，默默承受这突如其来的打击。

妻子的病情在一天天加重，每天都忍受着病痛的折磨，却还要佯装没事儿，只为了不让他工作分心，多留给他一点儿家的温馨。带着对妻子深深的愧疚，在本该心无旁骛地陪伴在病榻前的最后那段时光里，他辗转于医院和永胜村之间，风雨兼程地奔波劳碌。赵玉明体重下降了，面容憔悴了。工作上打开了局面，取得了进展，然而令他无比痛心的是，2016年8月23日，与病魔抗争了几个月后，妻子终究还是无力回天，含泪离开了他和可爱的女儿！

妻子辞世，天人永隔！赵玉明悲痛万分。悲痛之余，他心里装着的，还是那些最需要他帮助的乡亲们，永胜村的扶贫工作才刚刚起步啊！办完妻子的丧事后，他擦去脸上的泪水，想要回到村里继续工作。这时，女儿泪流满面地说：“爸爸，我妈刚走，你又要去扶贫，我咋办哪？”此刻，父女俩相拥而泣……

夜深人静，赵玉明捧着爱妻的遗像，一边擦拭着一边说着话。这一晚，他们“聊”了很多很多，这也是他驻村以来和妻子说的最多的一次话。天亮了，也有了决定。他没有放弃扶贫工作，这次回到永胜村，他把女儿也带来了，转学到长岭县第四中学读高中——之所以选择一所县里的普通高中，是因为学校能够提供女儿住宿！

“亲爱的春艳，你看，永胜变绿了，变美了，变亮了。白墙黛瓦，彩砖铺路，绿树成荫，路灯耸立。这街、这路、这房！我们的永胜距离富美小康村越来越近了。”

赵玉明来到村里工作，第一印象就是五个字——这里太穷了！永胜村辖区面积38平方公里，地处盐碱干旱片区，土地贫瘠，十年九旱，村民收入低、生活来源少，是方圆百里有名的贫困村。

太穷了，也就意味着脱贫的工作会更困难，压力会更大。“全村688户3000多口人，都知道村里要来个姓赵的第一书记。我知道大伙儿心里在想啥：我们祖祖辈辈都没拔掉穷根，你个外来的和尚就会念经了？转念一想，不穷，还要咱来这儿干啥！”赵玉明下定了决心，不脱贫绝不离开。

面对贫困现状，他从了解全村情况入手，仅仅用了一个多月的时间，走遍了村里所有住户，摸清了各家各户的基本情况。村民们迫切希望多打抗旱井，多修水泥路，改变十年九旱、交通不便的穷根。他组织村“两委”干部、农民党员、村民代表开会讨论，让大家集思广益、出谋划策。他到田间地头、百姓炕头与村民谈心交流，搞调研、问想法。他到上级政府、相关企业协调项目，多方寻求帮助与合作。用赵玉明的话说：“撸起袖子，干就完了！”

2017年底，村里18公里的泥泞道路进行了大修，3个自然屯中巷路全部硬化。西北屯自来水工程彻底竣工，八社村民吃上了自来水，3个自然屯实现了自来水全覆盖，改水改厕工程也得到顺利实施，移动光纤全部进户。全村打抗旱井175眼，灌溉面积达到95%。为62名贫困村民办理了低保，全村农合参保率100%。

3年多来，田间抗旱井、砂石路、自来水、危房改造、广场扩建、亮化美化等基础设施建设彻底改变了永胜村的整体面貌，“两不愁三保障”的目标基本实现。村级集体经济收入从2016年的只有5万元，发展到了2018年的23.5万元，人均纯收入在产业带动、政策兜底、发展庭院经济、务工收入等“多条腿走路”的促动下，由2017年的3500元提高到5500元，75户贫困户160名贫困人口到2018年底全部脱贫。

■ 赵玉明帮助村民晾晒谷子

“刚来到永胜村时，这里是一个地下没资源、地上没产业的贫困村。今天，我特别高兴，‘合作社＋养殖户＋贫困户’的模式，经过多方努力终于在永胜落地了！”

赵玉明认为扶贫工作中“输血”是“西药”，不可或缺的作用在于见效快，但是难以解决根本问题。“造血”是“中药”，能够标本兼治，能从根本上解决长效机制问题。

他带领村“两委”班子成员深入考察研究，结合永胜村生产生活实际，成立了吉胜蛋鸡养殖场，鼓励有头脑、懂经营、善管理的能人加入合作社，引导贫困户入社分红。2018年，养殖场的5栋现代化鸡舍运营良好，5万多只蛋鸡产量稳定，12.8万元分红资金实现了全村160名贫困人口全覆盖，人均分红800元。派出单位一次性投入36.7万元，占地2万平方米的吉胜养殖合作社开始运行并将于2019年底见效，两栋羊舍一次性育肥羊500只，村集体预计增收7万多元，村里的8户三星级贫困户分红收益可以达到1000元，三星级贫困户家庭收入有了长远保障。2019年，争取到与县里一家种植合作社合作，流转了全村100多户300多公顷土地，除了免费深松、播种外，每公顷还能得到200元项目资金补贴，并且解放了几十个劳动力，外出务工还能增加收入。

村里的产业调整方向一直萦绕在赵玉明心头，如何让永胜村的田野中不再是玉米、高粱唱主角呢？通过调查摸底，赵玉明发现永胜村多年来有种植“荷兰7”马铃薯的习惯，由于单打独斗、不成规模，经常出现滞销现象。2018年，他帮助引进了“红玫瑰”和“黑金刚”两个品牌马铃薯，通过“第一书记代言”，赵玉明当年就帮助销售出去了价值160万元的700万斤马铃薯。2019年，基于马铃薯市场的广阔前景，赵玉明推动村里的种植农民专业合作社与企业深度合作，引入500万元资金加盟，种植面积达到了200多公顷，每公顷马铃薯产量10万斤，年产值预计能达到1000万元。全村所有贫困户每户分红100元。

“明年，女儿就高考了，我打算直到脱贫攻坚总目标彻底实现，再离开永胜。到时候，我给你带回一捧永胜的黑土，因为这片土地告别了贫穷的过去，已经变得富庶安康……”

“村部这间房，成了我的家。二四墙，真冷。下雨天，屋里漏得稀里哗啦。”这就是初到永胜村时赵玉明食宿在村的情况，也是当时村级组织阵地建设的一个缩影。当时的永胜村是软弱涣散村，不经常开展组织生活，党员先锋模范作用不突出。“风沙干旱碱、谁干谁丢脸。”这是当年永胜村流行的一句话。

赵玉明认识到，村里贫困面貌这么多年都没有改变，村党支部和村里党员作用没有发挥好是重要原因。在村党支部组织生活会上，赵玉明和村里党员干部取得了共识：必须要让群众切实感受到党组织和党员就在身边。赵玉明带领指导村党支部以“两学一做”学习教育为抓手，严格落实“三会一课”，把3、6、9、12月固定为党课月，每月最后一周的星期三如期开展主题党日活动。利用“新时代e支部”等新媒体学习平台，学党章党规，学系列重要讲话，学习党的十九大精神，学习产业发展，学精准脱贫的政策法规。村里实行“坐班制度”，保证村部每天有干部在村，为村民办事服务。

“搬家啦，终于告别冬天冷、夏天漏的老村部了，党支部有了像模像样的家，以后各类会议活动一定要有序开展起来。”在新村部投入使用后的第一篇日记里，赵玉明这样写到。2018年9月20日，230平方米新村部投入使用，功能室设计合理，窗明几净，取暖等配套设施一应俱全。

为了照顾好老年群体日常生活，赵玉明积极与省民政厅联系老年协会建设事宜，协调了10万元协会建设启动资金，让全村60岁以上的432名老年人得到照顾。为了发挥好农民党员的作用，村里设定“党员街路”，把永胜村东升屯、永胜屯打造成两条样板街道，村里党员分段包保，在村屯人居环境整治中带领村民共同劳动，以点带面，实现点上突破、面上提升的目标。为了增强村民们的获得感和幸福感，赵玉明还倡导设立了村环卫公益岗，143名村民负责清扫17000米的34条街路，平均每人近120米，年收入800元。一位70多岁的老党员说：“赵书记和村‘两委’班子把村民的事当作自己的事来耐心细致地解决，群众有什么大事小情，都愿意到村部寻求办法。”

3年多来，永胜村发生的变化，都写在赵玉明的驻村日记里，这是写给妻子的，写给自己的，也是写给这段“激情燃烧的岁月”的。厚厚的驻村日记，记录了他和群众一道风雨兼程的辛勤与努力，凝结着他们对美好生活的向往与追求。

（推荐单位：中共松原市委组织部　中共长岭县委组织部）

姚一夫，男，1979年11月出生，汉族，中共党员，本科学历，松原市地震局办公室主任。2015年6月至今，任长岭县流水镇爱国村第一书记。曾获全国防震减灾工作先进个人等荣誉。

奋战在扶贫一线的好青年

——记长岭县流水镇爱国村第一书记姚一夫

“脱贫攻坚工作就像播撒阳光，要奔跑才能让需要帮助的人尽快得到温暖。我要成为在扶贫路上奔跑的人，怀揣梦想、不忘初心，用青春谱写时代芳华。”这是姚一夫写在扶贫日记里的一段话。

2015年6月，姚一夫被选派到爱国村担任第一书记。他扎根基层，与群众零距离交流、心贴心服务，想尽办法为大家办实事，赢得了群众的信任和认可。

改变：从“三红”到“三网”

在长岭县流水镇提起爱国村，那可是赫赫有名，大家都说那是“三红”村，“早上睡到太阳红，中午喝得脸通红，晚上茶水沏得红”。

外人都说这里的人懒，其实爱国村的乡亲们自己也憋屈。这里是远近闻名的冒烟坨子，“一年两场风，从春刮到冬”，恶劣的生产环境，把乡亲们发家致富的志气给磨没了。

可如今，这里是远近皆知的“三网”村。依靠电网、路网、互联网做支撑，在这里从调整种植结构、发展特色经济入手，做出了大文章，搞出了大动静。

从“三红”到“三网”，乡亲们的日子芝麻开花节节高，这都得感谢第一书记姚一夫。

“乡亲们过去是靠天吃饭，现在靠网吃饭。我们村的直销网店一开张，乡亲们饲养的笨鸡、笨鸭、笨鹅全有了销路，每只价格都过百元。”姚一夫笑着说，村里有个大姐过去靠卖笨鸡蛋维持生计，每天一早就开始蹲市场，但卖得并不好。现在有了网络，坐在家里就能销往全国各地，由于质优价廉，她家的鸡蛋经常供不应求。

在爱国村，姚一夫把脱贫攻坚的突破口选在了庭院经济。从溜达鸡到大白菜、红辣椒，一年四季时时都能收获的小院，让大家伙儿来了精神头，把自己家的三亩园打造成致富的“小金库”。

“爱国村日照非常充足，我们村产出的油葵个大、饱满、油多。”结合家家庭院大的特点，他鼓励大家种植油葵、加工笨榨葵花油，通过网络进行直销。姚一夫把爱国村的葵花油，吆喝到四面八方，贫困户人均增收1000元以上。

46岁的宋福军患有肝硬化，妻子因惊吓得了精神病，一个儿子在读大学，家里穷得叮当响。现在呢，宋家的小园能打出500斤葵花籽，榨出葵花油到网站上一卖，也是一笔不小的收入。老宋脸上笑出了花，“扶贫的产业多了，项目多了，咱们的日子好过了，老百姓的干劲儿非常足”。

眼下，使用手机客户端，下载“千城万店”App，就能购买到爱国村农副产品。农产品通过网络远销湖南、北京等地，订单持续增加，一个成熟的脱贫增长点已经生成。

为民：立志做个群众的贴心人

姚一夫搞网络销售带领大家脱贫，得到了大家的认可，让他在村里站住了脚。他又开始琢磨，不能让网店唱独角戏，还需要在搞好农业生产上下更大力气。为此，姚一夫邀请各类农业、农技专家进村，成天和他们泡在一起，琢磨沙土地种点儿什么好，又抗风沙又增收，最终研究确定了一条特色农作物种植道路。在他的带动下，许多村民减少玉米、大豆等普通粮食作物的种植，改种市场需求旺盛的“黄金勾”豆角、油葵、荞麦、大豆、西瓜等特色经济作物。七月西瓜、八月美葵，九月小麦、绿豆，十月红辣椒，一茬又一茬的特色农作物丰收了，一茬又一茬绿色农产品有了稳定的订单。

5年前，张玉芹的儿子宋红军患上脑疾，干不了重活，儿媳妇也改嫁了，张玉芹成了家里的顶梁柱，里里外外忙活一年，刨去儿子的医药费，剩不下几个钱，孙女也辍学了。提起贫困，张玉芹说不到半句话，眼睛就像泄洪的闸门，全是泪水。如今，随着精准扶贫的落地开花，张玉芹家挂在墙上的贫困户人均纯收入调查表，一年一变，不断刷新好成绩。2018年，种植有机荞麦一项，就增收6000元。“小鸡卖光了，毛驴子下个驹儿也卖了，往年哪有这高兴劲儿。以前我总寻思我孙女啥时能念起书呢？我们家啥时能盖起房子呢？现在愿望终于实现了，都是姚书记的功劳。”

倾情：甘做群众的贴心人

精准扶贫挖穷根，见真章更要见真情。姚一夫协调长岭县宏光医院到村开展送医送药义诊活动，免费发放价值5000元的药品；协调松原市残联，为残疾人送去了4箱营养药品；协调爱心企业为爱国村小学送去了价值5000元的学习用品；还在自己的微信朋友圈发出“倡议书”，开展爱心帮扶活动。

一项项举措，焐热了贫困群众的心，帮助他们摆脱“懒汉思想”，彻底消除“靠着墙根晒太阳，等着别人送小康”的错误认识，培养出了一个个“农科技术明白人”“富民产业带头人”……

姚一夫还将主题党日活动开展进村民家，村里全体党员参加，无一缺席。谁家备春耕缺少种子，谁家慢性病手册还没办理，谁家的牛犊子要出生了，所有需要帮扶的内容，都在主题党日活动中明确下来，迅速付诸实施。

4年来，几个特困家庭孩子的鞋码，他都记在了心里，时常给他们买新鞋；张罗给每一个孤寡老人过生日，日子一天不差。乡亲们也记住了他的爱好，爱吃豆腐和烤土豆。看见他走路有点晃，就会关切地询问：“是不是昨晚又没睡好？”然而，老乡们也有不知道的。他忙着组织秋收，把老母亲大寿忘在了脑后；他忙着驻村扶贫，只能让体弱的妻子一个人常年照看儿子；他答应儿子去水上乐园玩，成了空头支票……

■ 姚一夫与贫困残疾人马和母亲在田间地头谈心，了解家庭近期情况

2019年2月18日，元宵佳节的前一天，爱人哭着在微信里告知，孩子脚部摔伤，肿得很严重，需要住院治疗。爱人想让姚一夫赶紧回家，但当时他正带着爱心人士在贫困户许艳臣的家中，协调为其女儿许娟捐资助学、解决上学困难的问题。姚一夫心里焦急，但还是满含歉意地对爱人说：“我这边的工作实在脱不开身，我回不去了……”妻子赌气地对儿子说：“这个爸爸咱们不要了。”当许艳臣听说这个情况后，他眼含热泪地说：“姚书记是我的大恩人，我和孩子一辈子都忘不了他。”

夜深人静，姚一夫躺在炕上，想想家里，他照顾不上，心里也充满纠结和愧疚。可是早上起来，看到曾经因为贫困垂头丧气的乡亲们现在精气神儿十足，他就明白自己走对了路。

夏日的爱国村，微风轻拂，整洁、素雅、大方，犹如定格的水墨画。万寿菊迎风摇曳，绿化、美化、亮化一天天完善。“现在生活真正好，三天两头吃饺子，烧酒管够喝，鸡鸭鱼肉摆满桌。”摘掉了贫困村的帽子，老乡们心里无比畅快。

“原来就想什么时候盖个好房子，过年吃大饼子都香；现在脱贫了，挣钱了，就寻思打扮打扮孩子，打扮打扮老头儿，打扮打扮自己，这是我最大的愿望。”脱贫户王雪梅脸上映着晚霞的余晖，幸福地憧憬着。

4年多的驻村时光，让姚一夫深深地爱上了这里。他说：“当前，脱贫攻坚工作已进入冲刺阶段，作为青年干部理应迎难而上、主动担当，在决战脱贫决胜小康中贡献自己的一分力量！”

（推荐单位：共青团吉林省委员会　中共长岭县委组织部）

韩大伟，男，1984年9月出生，汉族，中共党员，本科学历，前郭尔罗斯蒙古族自治县委理论学习室主任。2016年3月，任前郭尔罗斯蒙古族自治县平凤乡郎家村第一书记。

丹心一片献乡亲

——记前郭尔罗斯蒙古族自治县平凤乡郎家村第一书记韩大伟

傍晚时分，暑热渐渐退去，郎家村的文化小广场上，村民们随着悠扬的乐曲跳起欢快的舞蹈。宽阔平坦的道路两侧，新栽植的树木郁郁葱葱，一幅美丽的乡村图景展现在人们眼前。

然而，昔日的郎家村，可不是这番景象，泥泞不堪的“水”“泥”路、随处可见的生活垃圾、臭气熏天的涝洼塘、残垣断壁的泥草房……基础设施薄弱，群众观念陈旧，经济文化落后。

2016年3月，第一书记韩大伟的到来，让这里的一切悄然发生了变化。

转观念，扶智又扶志

从驻村的第一天开始，韩大伟与驻村工作队员就摆正了自己的位置——来这里就是服务的！

“跟群众打交道，就不能把自己当干部。”他沉下身心，迅速转变角色。“蹲墙根、坐炕头、进卖店”成为他工作的常态。为了让扶贫思路和措施更加精准有效，上任后他挨家挨户走访，一个一个调查，蹲在墙根与群众聊天，全面了解村情；坐在农民家炕头拉家常，仔细了解民意；走进村里卖店，宣传党和政府的惠农政策、致富经验……就这样，一来二去，他与村民混熟了，郎家村的底儿也让他彻底摸清了。

“一定要合力把扶贫工作做实做好，扶好‘智’和‘志’，变‘输血’为‘造血’！”在全村党员干部脱贫攻坚动员会上，韩大伟立下军令状。

从那以后，他就与村“两委”班子成员一起解读政策，完善落实举措，召集党员与村民代表共谋发展。在深入调研和分析的基础上，制定了产业开发、基础设施建设、改善民生、党建引领等一系列具体措施。

通过与包保部门合作，建立了定期联席会议处理问题机制，与当地党委、政府和各相关部门协同作战，快速实现了建档立卡贫困户精准识别到位、扶贫政策宣传到位、帮扶项目落实到位。

■ 韩大伟指导贫困户发展棚膜产业

针对建档立卡贫困户“病、残、老”的实际状况，他联系当地党委、政府分别实施了光伏发电受益项目，入股合作社分红项目，新农保贷款扩大收入项目，扶贫羊养殖项目和庭院式种植、养殖增收项目，实现贫困户每户年增收2000元以上。其中，村里的光伏发电项目于2016年实施，成为松原市首批落实扶贫产业项目的村，受益项目电价享受当年最高补贴。另外，入股农业合作社分红项目12%的收益率，为全县入股扶贫产业项目收益率最高的扶贫项目。

2017年末，全村建档立卡贫困户23户37人实现扶贫项目全覆盖，确保了贫困户有持续稳定的收入，做到了4年扶贫任务2年完成。

2019年，为了扩大贫困户收益，充分调动贫困户自主创收能力，他按照需求为每户赠送鹅雏，发展庭院养殖提高收入。

打基础，治标又治本

授人以鱼，不如授人以渔。为了变“输血”为“造血”，韩大伟一门心思谋发展，帮助郎家村的村民们搞起特色产业。

2018年底，韩大伟带领村“两委”班子到产业发展良好的长山镇袁家村学习参观，引进推广了庭院棚膜哈密瓜种植。

“一茬种哈密瓜，二茬种茄子。单哈密瓜今年就能收入七八千元，到秋天卖一茬秋菜，还能收入四五千元！”在郎家村的大棚内，63岁的高殿武看着成熟的哈密瓜，笑着说：“现在我和老伴儿年龄大了，干不动了，外出打工都没人用，没有来钱道了。小韩书记鼓励我们在自家大棚种植哈密瓜，还帮我们找好了销路，我们真高兴啊！”

说起种植哈密瓜项目，韩大伟滔滔不绝：“今年与一家农垦公司合作，有8个农户试种，如果收益大，明年打算再扩大规模，让大家都跟着受益。”

为了保障农户收益，每天他都往返各家瓜棚看长势，联系技术员做指导。什么时间打杈掐尖、如何灌水施肥，他全程参与。用他的话说，自己已经成了村里的哈密瓜种植技术员。

帮助村民发展庭院经济，引进种养项目，传帮带推动劳务输出……韩大伟把全部精力都放在了郎家村！

郎家村是远近闻名的水稻村。2018年末，水稻价格持续走低，全村有三分之一水稻在农户手中急于销售。韩大伟知道情况后，跑企业、托关系、找熟人，全力协调粮贸企业以最高市场价格到村里收购水稻，不仅解决了村民卖粮难的问题，也让农户的粮食卖上了好价钱。

通过引入市场机制，韩大伟和村干部们带动村级农业种植合作社与商家企业签订了36公顷水稻订单产销合作联盟，摸索出一条由企业按照农户需求提供金融、农资、农机、销售、品牌服务的适度产业发展模式，让村民们在农产品向商品转化过程中获益更多、受益更大。

强根基，舒心又安心

只有基础设施建设和民生工作做好了，才能让村民既安心又舒心。郎家村的贫困群众在感受到产业扶贫带来的喜人变化时，民生工程建设的大幕也悄然拉开了。

65岁的贫困户都淑青，家里的泥草房破败不堪，每逢雨季，外面下大雨，屋里下小雨。韩大伟将她家房子纳入危房改造工程，2017年，按照政策标准帮助她建起宽敞舒适的砖瓦房，没用都淑青花一分钱。每次见到小韩书记，她都说："感谢党的好政策，让我这么大岁数了还能搬进新房子。"

2018年5月28日，松原发生5.7级地震，郎家村距离震中仅几公里，村内部分房屋破损严重。在不到三个月时间里，韩大伟和全体村干部通力协作，完成全村危房入户核查、核灾鉴定、维修重建工作，共新建地震房32所，改造维修13所。

韩大伟还积极协调相关部门，帮助村里修建了水泥路，争取了巷路改造工程，维修了文化小广场……如今，村里出行难的问题得到了有效解决，村容村貌也有了喜人的变化，人居环境得到了极大改善。

送真情，暖人又暖心

几年来，韩大伟四处奔波，邀请农业专家授课、文化志愿服务队送戏送春联、医疗志愿服务队上门义诊、社会爱心志愿服务队走访慰问……长期的操劳，让当年精神抖擞、意气风发的帅气小伙，皮肤变得黝黑，眼角长了皱纹，鬓角添了白发，成了大家眼中的“村里人”。

韩大伟家里有两个女儿，父母身体不好，妻子工作也很繁忙，这样就苦了孩子们。地震重建期间，正赶上韩大伟的小女儿生病了，连续几日高烧不退，妻子一个人每天抱着孩子看病。和女儿视频聊天时，韩大伟看着女儿烧得小脸儿通红，可怜巴巴地叫“爸爸”，心里充满内疚和自责。父亲生病住院他没有在身边，爱人手术住院他没有在现场，岳父患脑血栓他也没照顾上一天……作为儿子、女婿、丈夫、父亲，他心里很惭愧，但作为一名驻村干部，他深知有的工程不能错过工期，有些工作不能在关键时刻掉链子，协商、沟通、跑现场都要做到位，全村人都在等着他……

“脚下的泥土有多厚，群众和我们的感情就有多深。”3年来，韩大伟的足迹遍布了郎家村的每一个角落，也走进了每一户群众的心里。

如今的郎家村，在韩大伟和大家的努力下，有了很大的改观，办公场所宽敞实用，文化小广场宽阔美丽，群众出行顺畅，村屯绿化成效初显，产业发展蒸蒸日上……

（推荐单位：中共松原市委组织部　中共前郭尔罗斯蒙古族自治县委组织部）

白峰，男，1980年2月出生，汉族，中共党员，本科学历，镇赉县粮商局武装部长、市场秩序科科长。2016年3月至今，任镇赉县莫莫格蒙古族乡巴喜昭村第一书记。曾获镇赉县劳动模范、镇赉县优秀第一书记、镇赉县最美扶贫人物等荣誉。

把实事办到群众心坎上

——记镇赉县莫莫格蒙古族乡巴喜昭村第一书记白峰

他3年如一日，初心不改、意志更坚；

他忘却驻村生活的苦与累，倾力付出、无悔奉献；

他奋战在扶贫攻坚一线，以真心融入群众，用真情服务群众……

他就是巴喜昭村第一书记白峰。

一面锦旗见证为民情怀

走进巴喜昭村村部，一面写有“一心一意为民想，千方百计解民忧”字样的锦旗格外引人注目。这面锦旗蕴含着全村百姓对白峰的感激之情，也彰显了白峰对巴喜昭村百姓的真情与付出。

驻村工作后，白峰开始挨家挨户与村民拉家常，宣传党的政策，倾听大家对基础设施建设、产业发展等方面的意见和建议，认真分析贫困症结，了解村民所想所求，推进精准扶贫。

听到姜秀琴老人反映村子里下雨积水严重、出行困难的问题，他记在了心里，领着村书记多次找派出单位和乡主要领导汇报工作，希望他们能在资金上予以帮助。功夫不负有心人，在乡党委和派出单位大力支持下，村里11.5公里的屯内路得到了整修，道路两旁还修砌了排水沟，铺设了彩砖，修建了铁艺围墙。施工期间，白峰也没闲着，他与驻村工作队员日夜攻坚，把巴喜昭村道路两侧沉积了10多年的垃圾堆彻底清理出村，在道路两旁栽植了银中杨、樟子松、万寿菊等苗木花卉15000多株，让巴喜昭村的村容村貌焕然一新。

现在，走进巴喜昭村，道路宽了，路灯亮了，环境美了。村民们高兴地说："现在我们在家门口就能闻到花香，晚饭后在村溜达，可得劲儿了！"

有村民向白峰反映，村屯的水质较差，喝到嘴里发咸。为了村民的身体健康，他积极与县水利局沟通联系，申请安装净水设备。村民很快就喝上了干净安全的饮用水。

他还自己动手帮助贫困户肖成宽家修牛圈，帮助徐泽伟家修马圈，帮助李长林家修猪圈……长时间的劳动，手上磨起一层茧，皮肤晒掉一层皮。当村民把锦旗送到他手中的一刹那，他被村民们的纯朴挚诚所感动，也为自己的工作被村民认可而深感欣慰。

一首小诗饱含富民初衷

"扶真贫、真扶贫"，是白峰驻村以来一直坚守的信念。通过多次与村"两委"班子、贫困户商议，结合实地考察，他确定了种植小冰麦、发展庭院经济的产业扶贫模式，并与白城市面粉厂达成了订单种植协议。小冰麦成熟后，由面粉厂按市场价格统一收购，保证了农户稳定增收。

他还抓住镇赉县创建国家电子商务进农村综合示范县的契机，鼓励村民成立种植、养殖合作社，成功建成电子商务村级服务站，并借助全省“第一书记代言”活动有效提升了知名度，帮助巴喜昭和临近的苏克马两个村的特色农产品实现线上销售收入10万余元。

■ 白峰向村民介绍无公害土鸭蛋的价值

在逐户走访中，白峰了解到村里贫困家庭妇女和因病无法参与重体力劳动的人较多，便主动联系镇赉县博艺柳编工艺制品有限责任公司，采取“公司+合作社+基地+农户”的模式，在巴喜昭村建立原材料供应基地，种植杞柳，吸收贫困户加入。公司为村民免费培训柳编技术，定价回收产品，为贫困户分红。如今，15户贫困家庭参与柳编制作，足不出户每月就能增收1000多元。

2016年8月，贫困户孙明查出癌症，这让本就贫困的家庭雪上加霜。白峰得知这一情况后，帮助孙明筹集善款1300元，并通过“第一书记代言”建立起的客户群体，以每斤7元的价格，将孙明家种植的小米销往北京、深圳等地，累计销售小米2600余斤，为孙明家增加收入1.8万余元。拿着销售小米赚到的钱，孙明的妻子感动地说：“白书记帮我们筹钱看病，还替我们卖小米，尽心竭力帮助我们，真是太感谢他了！”

白峰总是把群众的事当作自己的事，把实事办到群众的心坎上，用真情换来了真心，用实意赢得了爱戴。

“鹤鹳舞天宇，雁鸭戏水浪；水草饵料优，生态禽蛋良。”在全省“第一书记代言”活动中，白峰为代言的咸鸭蛋编了一首小诗。

他还精心创作了推介词和微视频，通过省、市、县电视栏目及“党建白城”微信公众号等传统媒体和新媒体平台宣传代言的咸鸭蛋等特色农产品，打造了“苏克马”小米和“巴喜昭”原生态鸡蛋、鸭蛋两个代言品牌。2018年，他仅用2个月的时间就帮助贫困户销售鸡蛋、咸鸭蛋3万多枚，帮助贫困户增收近5万元。

一门心思筑牢基层堡垒

在小村庄里，总有一盏灯最晚关闭，总有一个人最晚入睡。驻村的第一个月，白峰便开始挨家挨户走访村上的老党员，走访最困难的贫困户，在闲谈中搜集村情民意，在探讨中寻找问题根源。

通过一段时间的观察，白峰发现村党支部班子在群众中威望不高，离群众的期盼还有一定距离。为了改变这种状况，他带领村党支部一班人，经常披星戴月工作到深夜。村部条件艰苦，寒冬里，他们披着大衣在灯下研究工作；酷暑中，他们强忍蚊虫叮咬，研究脱贫方案。

由于长时间加班加点熬夜工作，白峰患上了心脏二尖瓣返流的疾病。他让大夫开了药，咬牙忍受着疼痛的折磨，又回到了扶贫一线。病情严重时，大家都劝他回家休息，他只说了一句“我没事，放心吧”，就又投入到工作中。有的驻村工作队员暗地里说：“得把白峰改成‘白疯’了，他为了扶贫真是对自己的身体不管不顾啊！”

白峰把组织开展村级组织强基提能行动，作为建强村党支部的“助推器”。在“硬件”上，筹集资金，重新修缮了村党群服务中心，添置了音响、乐器、棋牌等文体用品，吸引党员群众茶余饭后到村部开展各类活动，使村部不再是老百姓无事不登的“三宝殿”。

在“软件”上，从“三会一课”等党内政治生活抓起，定期组织开展主题党日活动，建立党员微信群，充分发挥“新时代e支部”等指尖上的党建阵地作用，全力抓好全村党员干部的思想政治教育，经常组织大家在一起谈心谈话，谈理想，谈信念，激励村党支部一班人树立敢打必胜的信心，持续发扬不怕吃苦的精神，深入细致开展工作，把一条条扶贫政策兑现到户，把一项项工作落实到位。

对于那些不理解、不积极配合泥草房改造的“老大难”贫困户，白峰天天起早贪黑到其家里，坐在炕头上讲政策，做动员，终于说服他们如期完成泥草房改造，住上了新房子。

如今的巴喜昭村处处是红砖碧瓦、绿树红花；夜幕下，造型美观的路灯映照着文化广场上翩然起舞的幸福村民……所有和谐的美景中都浸染着一位驻村干部的奉献底色。

3年来，白峰用忘我工作的驻村实绩，用1000多个日夜的真情坚守，精彩诠释了一名党员干部的情怀与担当。

（推荐单位：中共白城市委组织部　中共镇赉县委组织部）

冯立新，男，1980年2月出生，汉族，本科学历，中共党员，洮南市畜牧业管理局科员。2017年10月至今，任洮南市安定镇新光村第一书记。曾获洮南市五一劳动奖章等荣誉。

“80后村官”的坚守与担当

——记洮南市安定镇新光村第一书记冯立新

无论是田间地头，还是庭院路口，总能看见他充满活力的身影；

他以真情融入群众，用实际行动展现了一名“80后村官”的坚守与担当。

他就是洮南市安定镇新光村驻村第一书记冯立新。

接地气，老百姓心中的自家人

从担任第一书记那天起，冯立新就扛起了全村脱贫致富奔小康的职责使命，他把全部心血和汗水洒向这个吉林西部的贫困村落。

上任伊始，尽管对新光村情况还很陌生，但从农村走出来的冯立新知道如何与群众打交道，深知群众需要什么样的村干部。

为了尽快摸清村里情况，每天与村“两委”班子成员交流谈心，和群众拉家常，站在群众视角谋发展，向村民宣讲国家扶贫政策。这种朴实的工作作风，无形中拉近了他和群众之间的关系。老百姓都说：“村里来了一个接地气的村官。”

贫困户王江一家靠养殖包保部门帮扶的18只羊为生。2019年初的一个深夜，王江突然给冯立新打电话，说自家的母羊要生羊羔了，没有养羊经验的他心里没底，让有着兽医经验的冯立新过来帮忙。冯立新二话没说，急忙就往王江家跑去。那个晚上，他和王江一直忙活到后半夜，一连接生了两只小羊羔。就在他刚要回村部的时候，发现有两只羊倒在地上“咩咩”叫个不停。冯立新凭借自己的经验，感觉这两只羊应该是中毒了。他一边联系畜牧站的同事，一边开车去乡畜牧站取药。由于救治及时，王江家的羊一只也没有损失。

“百姓的事情不分大小，心里要始终装着群众，把他们的事儿当自己的事儿去办。”冯立新是这样说的，也是这样做的。

2018年的一天，他到贫困户张成家走访，张成的父亲因头疼连续多天睡不着觉，他立即帮助张成将父亲送往医院检查，结果确诊为脑瘤，由于手术及时，老人很快恢复了健康。老人逢人便说自己的这条命是冯书记给救回来的。

■ 冯立新在春节期间慰问贫困户

13岁的周帅宇，父母离异，失去联系，和他共同生活的爷爷也去世了。由亲戚安排，周帅宇到镇里寄宿上学。冯立新走访了解情况后，定期到学校看望他，关心他的学习和生活情况，送去衣物和学习用品。

贫困户的事他是这样帮助的，普通村民的事也是如此。看到退伍老兵家的门窗漏风严重，他就帮忙定做新门窗，让老人度过一个温暖的冬天；有的农户没钱耕种田地，他就自掏腰包帮助买苗买秧……一个个扎实的脚印，一件件朴实的小事，冯立新用真情赢得民心，换来了农民群众的一张张笑脸。

“有事儿就找冯书记”“新光村的‘大管家’”“懂兽医的第一书记”，这是新光村老百姓对他的高度认可，群众满意度节节攀升。

干实事，贫困村里的好干部

新光村土地贫瘠，种植结构单一，村级集体经济薄弱。如何改变这种状况，成为冯立新心头的一件大事。在与村“两委”班子反复研究后，最终确立了争取项目“输血”、发展产业“造血”的总体发展思路。

“输血”要靠扶贫政策，“造血”要靠产业支撑，这样才能摘掉穷帽子、拔掉穷根。

冯立新通过前期走访发现，村里大部分农户都有在院子里种植果树的传统，特别是种植李子的农户较多，而且李子品质好，每年李子成熟时节，外地客商便进村收购，然后销售到省内各大超市、饮料和罐头加工厂。这个情况让他萌生了发展果树种植项目的想法。

正好市里有政策扶持，大力发展庭院经济。他便向村“两委”和镇党委建议，将种植李子树作为村里今后的主导产业之一。在他的倡导下，全村李子种植户达267户、17万余株。种植规模有了，销售渠道又成了他日思夜想的问题。他奔走于各大超市、商场寻求合作，经过多番努力，如今已有124户果农签订了订单合同，解除了李子种植户的后顾之忧。

目前，新光村的果树种植已走上了规模化产业化的道路，成为远近闻名的“李子村”。

带动农民增收致富，不能只靠单一的产业项目，还要充分发挥产业叠加效应，为老百姓真脱贫、脱真贫提供更多保障。

针对村里养羊户较多的实际，冯立新充分利用自己的畜牧专业优势和资源优势，积极谋划了“放母收羔”扶贫养羊项目。他多次到各地进行考察，与派出单位畜牧部门领导沟通汇报，争取项目资金，最终确定项目合作单位。第一批共投资50万元，参与的农户有36户，为每户符合养殖条件的农户发放10只适龄基础母羊，发放的母羊全部实施圈舍饲养，繁育的羔羊全部出售，3年为一个周期，由合作公司统一技术指导，集中培训，并以不低于市场价格的标准及时回收农户羔羊，平均每只羊每年可收益800元。

为了增加贫困户的经济收入，他带领党员发挥先锋模范作用，签订合作养殖合同，由每名党员负责养殖10只羊，共计投入200只羊，到年底可为每个贫困人口分红600元。村民们看到“放母收羔”扶贫养羊项目带来了实实在在的经济效益，纷纷申请加入进来。冯立新正在与一家公司沟通，争取让新光村的百姓尽早步入养殖致富的快速路。

践初心，扶贫一线的拼命三郎

“组织派我担任第一书记，我决不能辜负重托，一定坚守脱贫攻坚一线，尽心尽力，扎实工作，坚决完成任务。”冯立新用实际行动践行着这个诺言。在不到2年的驻村时间里，这个“80后村官”由于身体原因先后做了两次手术，可无论是手术前还是手术后，他都时刻惦记着村里的扶贫工作。

2018年初，他在家人和村干部的一再劝说下，才请假去北京做了心脏手术。主治医生在他出院前叮嘱他，回去一定要休息3个月，每天必须按照规定时间打针吃药，睡觉休息。可他仅仅在家休养了半个月，就回到村里工作。大家都劝他等复查没问题了，再来上班也不迟，但他就是放不下心中的责任，放不下心里的百姓。在脱贫攻坚的关键时期，他甚至把药品、器械直接拿到村部，边工作边治疗恢复。他这种精神，感动了村里每一户贫困户，也感染着扶贫战线的每一个人，大家干劲儿越来越足，凝聚力向心力越来越强。

他那份爱岗敬业的精神，那种认真执着的态度，似乎总是超出常人想象。2018年8月的一天，他的嗓子突然之间哑了，在家人和村干部的强烈劝说之下，去医院检查发现长了息肉，需要尽快做手术。他并没有听取医生的建议，因为他知道当时正是推进危房改造和安全饮水工程的黄金工期，错过以后将无法顺利施工，这一挺就是2个月。最后在家属的极力说服下，他才去医院做了手术，在家没休息几天，便又返回村里工作。由于医生叮嘱至少一个月内不能说话，为了能与村干部顺畅地沟通，他便随身带着笔和本，有什么意见和想法就写下来和大家交流，他也因此被称为“带笔第一书记”。

如今，冯立新依然无怨无悔地坚守在扶贫工作一线，默默地奉献着青春，挥洒着汗水。他说：“在我心里，村部就是我的第二个家，村民就是我的亲人，只要他们需要，我一直都在!”

（推荐单位：中共白城市委组织部　中共洮南市委组织部）

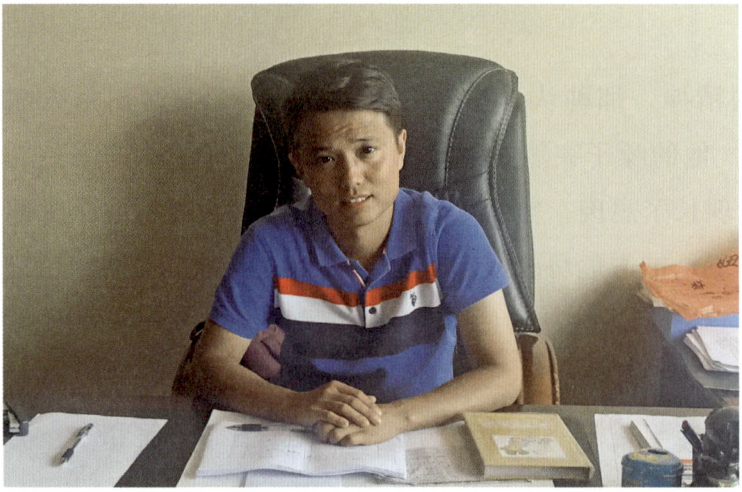

毕水，男，1987年11月出生，汉族，中共党员，本科学历，通榆县民政局科员。2016年2月至今，任通榆县新华镇农林村第一书记。曾获白城好人、通榆县优秀第一书记标兵等荣誉。

农林村就是我的“家”

——记通榆县新华镇农林村第一书记毕水

作为一个孤儿，有一个家，是毕水心中的渴望。小的时候，孤儿院是他的家；上学后，学校是他的家；参加工作后，单位是他的家。2016年2月，毕水又有了一个新家，就是他担任第一书记的农林村。面对这个贫穷的家，他暗暗发誓，要用自己的奋斗让这个家变得越来越好。转眼3年多的时间过去了，1000多个日日夜夜，他把最美好的青春奉献给了家乡这片热土，奉献给了给他无限温暖的父老乡亲。现在，村里有了自己的致富产业，乡亲们住上了宽敞的砖瓦房，还建起了休闲文化广场，村容村貌也焕然一新……这一切的一切都离不开他为家人的辛勤付出。

全心全意驻“新家”

“如果没有党和国家，别说是上学了，恐怕我连饭都吃不上。”在孤儿学校学习和生活的9年里，毕水深深感受到人间的温情。社会上的爱心人士经常到学校来捐钱捐物，给孤儿们带来缕缕温暖；还有就是身边的小伙伴儿，相似的遭遇让大家都特别珍惜彼此，互帮互助的他们亲如兄弟。党和政府的抚养、全社会的关爱，让他在幼小的时候就知道了什么叫作感恩。

2011年6月大学毕业后，毕水来到通榆县民政局工作，从事民生方面的工作让他很开心，因为有了一个回报社会的大平台。他总是说：“我受到过太多人的帮助，我要想办法回报社会。”正是这样的信念使得他在工作中，总比别人多了一份热情和感恩的心。也正是这样的信念和坚守，组织上又给了他一个回报社会的机会，把他派到了农林村。在到农林村之前，领导对他说：“深入群众，融入群众，宣传执行好党的扶贫政策，这个责任大于天。”这句话毕水一直记在心中。

农林村有3个自然屯，976户2504人，其中建档立卡贫困户285户532人。村里土地贫瘠，村民观念守旧，多数村民还住在土房子里，甚至还有住在草房、吃不饱饭的情况。

从喧闹的县城一下来到穷乡僻壤，面对陌生的环境，多少个不能成眠的夜晚，他披衣而坐，静静地思考着路该怎么走，事该怎么做。深思熟虑后，他从了解村情民意开始了自己的驻村工作。他带领驻村工作队员和村干部，逐门逐院走、挨家挨户访，每天从早到晚八九个小时，详细掌握了村里实际情况和所有贫困户信息，了解了群众的需求及困难，还边走访边向村民宣讲党和国家的扶贫政策。

逐渐地，毕水的真诚和行动，村干部都看在眼里，记在心上，打心底里佩服这个小伙子，也全力配合他的工作。毕水也很快进入角色，把党建工作紧紧抓在手上，着力凝聚党员力量。他坚持“围绕经济抓党建，抓好党建促发展”的工作思路，严格落实执行“三会一课”“民主评议党员”等制度；

提出“在生活中抓党建”的实践思路，把党建工作延伸到党员日常生活中，创建了党员微信群、干群联系群等载体，使党群、干群沟通变得更加便捷畅通。他还时时以身作则，凡事都带着党员一块儿干，让党员的身子动起来、脑子转起来。短短几个月时间，村里党员的精神面貌焕然一新，凝聚力和战斗力逐渐增强，大家也越来越佩服这位年轻的第一书记。

党员凝聚起来了，如何带动群众？他采取盯紧靠上的“土办法”，一天到晚地到老党员、退休的支部书记、支部委员、村民代表、致富能手、贫困户家中走访，请教他们对农林村发展的想法。功夫不负有心人，通过面对面的交流，毕水拉近了与党员群众的距离，取得了大家的信任，同时也摸出了带领群众脱贫致富的路子。

千方百计谋“富路”

让群众实现脱贫致富，必须得有产业做支撑。一次次走访中，群众说得最多的就是发展养殖业。毕水就想，群众有意愿，村里有条件，上级有政策，为什么不走这条路呢？说干就干，他开始起早贪黑地跑项目，争取资金。2016年，他争取到项目资金9.1万元，购买基础母羊130只，以“龙头企业+贫困户”的模式加入一家有实力的合作社，发展养羊项目，为13户贫困户每户当年分红1008元。同年，又争取项目资金22万元，扶持220户贫困户加入养牛合作社，当年每户分红120元。

■ 毕水组织包保干部为贫困户盖房子

初试身手，就尝到了甜头，让贫困户拿到红利，毕水的信心更足了。2017年，在派出单位的全力支持下，他引进财政专项扶贫项目，发展庭院肉鸡养殖，带动贫困户253户429人，每户获利360元；引进专项扶贫发展资金项目，种植绿豆，带动贫困户253户429人，每户获利1640元；引进财政专项扶贫发展资金项目，发展肉猪养殖，带动贫困户16户35人。小规模养殖，全覆盖带动，激发了广大贫困户致富的内生动力，为村民们尽快脱贫致富带来无限生机。

尽心尽力帮“亲人”

在农林村，群众都把毕水当作家里人，这不是因为他是个孤儿，而是因为他时时刻刻都把村里群众当自家人去对待，谁家有个大事小情，他就像自己家的事情一样，尽心尽力地去帮助解决。

村民许玉香得了脑瘤，处于植物人状态，一直由婆婆魏素贤照顾。魏素贤老人是老党员，政治觉悟高，面对这么大的家庭困难，一直没向政府要救助，但巨额的医疗费用使这个家庭陷入贫困。她的处境不禁让毕水想起自己的身世，更能感受老人的孤独和无助。毕水在调查了解后，通过召开村民大会将许玉香家增补进贫困户，并向民政局申请了低保，魏素贤老人对此非常感动。由于平时就在党建工作中有过深入接触，老人对毕水夸赞有加，经常和他分享党建心得，并帮助毕水做了很多群众工作。

2017年11月，村民马清杨家7个月大的二女儿，由于肠道细菌感染引起多器官衰竭，在吉林大学白求恩第一医院抢救，随时会有生命危险，医药费已花销10多万元。得知消息后，毕水号召全体村民捐款2万余元，并联系新华镇政府、通榆县民政局给予帮助。2017年11月贫困户动态调整，村里又将马清杨家纳入贫困户行列。

农村工作的根本，其实就是对人的工作。一次次扶贫济困，一次次伸出援手，群众越来越认可这个年轻人。毕水也愿意用自己学到的知识，毫不厌烦地解答群众生产和生活中的困惑，这使得当地的党员微信群变得异常活跃。

村民张连发说："我知道毕书记忙，可是就想和他说说话，心里敞亮。"而像张连发一样的村民太多了，每天毕水的微信都有好几百条村民发来的消息，白天没有时间回复，他就利用晚上时间一一回复，即使节假日也从未间断。每天拖着疲惫的身子躺在床上的时候，第一件事就是翻开手机，看看村民都说了什么。听到谁家生了胖儿子，谁家办喜事，谁家种了新品种，他都会开心地笑出声；听到谁家遇到了困难，他也会心情黯然；碰到谁家出了问题，他马上就去了解和想办法，他的心和村里群众的心已经紧紧贴在了一起。

他一心扑在工作上，吃饭的时候身旁还放着要学习的材料。有时候忙不过来，就在办公桌上泡碗面，啃个面包，对付一口，驻村的第一个月他就瘦了5斤。村民都担心他，问他这样干能受得了吗，他笑着说："没事，还年轻，就得多干点，踏实！"

脱贫工作表现出来的是一串串数字，而背后的苦和累，只有毕水体会最深。每一项表格的填写，每一次实地调查，每一个项目的实施，每一条政策的执行……都饱含着他的辛勤汗水。

如今32岁的毕水还未成家，但他觉得已经有了家和家人，很多村民要给他介绍对象，想要把他永远地留在村里。他劝村民们安心："不完成脱贫任务，我不会放弃农林村这个家。"

（推荐单位：共青团吉林省委员会　中共通榆县委组织部）

曲岩，女，1972年4月出生，汉族，中共党员，中专学历，白城市传染病医院（结核病防治研究所）党办主任。2016年1月至今，任白城市洮北区洮河镇那尼哈村第一书记。曾被评为白城市传染病医院优秀党务工作者。

柔肩擎大爱

——记白城市洮北区洮河镇那尼哈村第一书记曲岩

作为一名医务工作者，多年来，她始终以医者仁心诠释人间大爱，为病患送去春风般的温暖。

作为驻村第一书记，她在扶贫路上忘我奉献、踏踏实实践行职责使命，用女性特有的细腻和情怀，温暖着那尼哈村村民的心……

2016年1月，曲岩被选派到那尼哈村任第一书记。至今，她已在脱贫攻坚一线奋战了1000多个日日夜夜。走进那尼哈村，一提起曲岩，当地干部群众无不交口称赞。大家争先恐后地说：“是曲书记的不懈努力，让我们看到了脱贫致富的‘蓝天’。”

躬身寻找发展之路

入户调研、申请项目、调解纠纷、排查农房安全隐患……在那尼哈村，47岁的曲岩虽然每日奔波，但工作起来始终有条不紊。

驻村开展扶贫工作后，曲岩深知：没有农村工作经验，只有一腔热忱是不够的。为了补齐短板，她开始加强学习，一边请教农业方面的专家，一边到网上查找相关信息。当她得知“农合论坛”是一个农业知识综合学习平台后，便自费到北京参加“全国农业合作社运营发展高峰论坛”。此行令她收获颇多，学会了如何用百姓的语言解读农业政策、如何申请项目补贴、如何根据当地实际进行农业产业规划等。学习期间，她还结识了一些农业专家。回来后，她将学到的知识和那尼哈村实际情况相结合，找到了开展扶贫工作的着力点和出发点，拿出了切实可行的扶贫思路和举措。

那尼哈村有1400多人，其中党员42人。“帮钱帮物，不如帮助建个好支部。”作为第一书记，她把抓好党建作为脱贫攻坚的重要突破口，以党建引领脱贫攻坚的方向和道路。

从建强班子入手，她将工作细心、年富力强、务实为民的村民充实到村“两委”班子中来。为提高党小组学习能力，更好地发挥党组织作用，她组织召开党员大会，选任了3名党性强的党小组组长，并将驻村工作队员分别安排到3个党小组中，推进各项工作开展。她积极推进“无职党员网格化服务”工作，组织村里没有职务的党员与贫困户结对子，帮助贫困户发展生产，激发了党员争先锋当模范的积极性；她带领村“两委”班子深入调研，发动了20名责任心强、威望高的村民，每人包保10户村民，督促村民认真履行《村规民约》，促进村里和谐安定；她还组建了一支由包保部门、贫困户、妇女代表、文艺骨干等60人参加的“攻坚”志愿者队伍，经常性地帮助没有劳动能力的村民干农活、清洁庭院，资助残疾人、贫困户……渐渐地，这些举措让村民对村“两委”班子、党员干部竖起大拇指。

精心培育致富项目

项目带动是脱贫攻坚的关键。为抓好产业项目发展，她与驻村工作队员、村干部，结合那尼哈村实际，先后考察了周边6个乡镇的10余个发展得比较好的项目。在征求村民代表意见后，确定了重点发展蔬菜大棚示范园和养殖合作社带户两大项目。

项目一经确定，曲岩便马不停蹄地争取资金。她挨个部门跑，挨个部门讲，“磨破了嘴，跑断了腿”。详细介绍项目优势、未来发展前景，以及投产后带来的良好社会效益……在她的积极争取下，白城市传染病医院、白城市灌区管理局、白城供电公司城郊分公司3个部门共投入价值40万元的物资用于蔬菜大棚建设，吉林省电力股份有限公司投入16万元运营养殖合作社项目。如今，这两个扶贫项目每年可为村里的贫困群众每人分得1500元红利。

■ 曲岩组织志愿者征集启动仪式

在贫困户收入得到有效提升的基础上，她和村干部又开始为增加村集体收入出谋划策。顺应绿色农业、精品农业发展的大趋势，争取到一个符合本村村情的产业项目——乡土韵味生态园。

这个被曲岩寄以希望的生态园已经建成，正在做开园准备。开园后，村民庭院中的“笨宝贝”——农家鸡蛋、鸭蛋，小笨鸡、飞鸭、大白鹅，将成为这里的主打食材；“绿宝贝”——庭院蔬菜、小院儿黏苞米、月子小米、绿豆腐，将成为这里的绿色有机品牌；火鸡、洮儿河野生鱼、草原小肥羊，将成为这里的“私人订制”……

生态园正式营业后，村里每年能收入3万元承包费；最重要的是，村里家家户户院里种的、养的都能卖上好价钱，这样就可以带动村民大规模发展庭院经济，走上“自我造血”的绿色发展道路。

为了动员村民发展庭院经济，每年春节刚过，曲岩就带领驻村工作队员挨家挨户走访，了解每户的种植打算和面临的困难。看到一些外出打工村民家的小院“闲置”了，她就和村民们商量，给这些“空院子”找到“新主人”，帮助清理庭院垃圾，协调资金为贫困户购买种子、化肥，带领党员帮助没有劳动能力的村民种植庭院作物。村民们形象地说：“现在是真正把所有的庭院还给了农作物。”

“脱贫之星”孟大哥是庭院种植能手，家中的小院一年就可以增收3000元。孟大哥逢人便讲：“没有工作队的帮助，我做梦也想不到，自家院子还能出这么多钱。”

倾情服务百姓

曲岩迅速把自己融入村子，不到3个月时间她就成了进屋就上炕、下地就喂猪的“自家人”“贴心人”。

村里孙大哥的媳妇因为糖尿病加重，生活不能自理，急得孙大哥没心思在外地打工，返回了家乡。曲岩得知这一消息后，连忙和驻村工作队员一起来到孙大哥家，张罗做饭，迎接孙大哥返乡，并根据孙大哥家的实际情况，为一家人申请了低保。同时，她还利用自己在医疗单位工作的便利条件，帮助孙大嫂查找治疗糖尿病的好办法。

徐大爷得了肺结核，把儿子、儿媳妇吓够呛。曲岩帮助他们联系医院，领着去看病。为缓解家人怕被传染的压力，在安顿好老人后，又找到徐家儿子、儿媳妇，用她掌握的医疗知识解除夫妻俩的顾虑。经过精心治疗，老人病情大有好转，夫妻俩兴高采烈地把老人接回了家。

曲岩常说，村民的事，再小也是大事。她一次又一次向村民伸出援手，赢得了村里人的认可与信任。村民家中有个大事小情的，都愿意找她唠唠。

她走遍全村561户人家，扑下身子去了解每户村民的困难。她把跟村民唠出来的困难和问题，都一一记在本上、刻在心里，一件一件认真对待，全力解决。村民被她的执着和奉献精神所感动，都夸她是党和政府派来的好干部。

曲岩用自己的真诚、朴实、热心、无私，赢得了上级党委和包保部门的大力支持，赢得了身边同事的积极配合，也赢得了广大村民的一致好评。而对于曲岩而言，第一书记不仅仅是一个职务、一种称谓，更代表着一份责任、一份担当。

如今，令她感到欣慰的是，那尼哈村已经退出贫困村行列，曾经付出的心血和汗水是值得的。

（推荐单位：吉林省妇女联合会　中共白城市洮北区委组织部）

刘光远，男，1974年6月出生，汉族，中共党员，本科学历。吉林省开发区联络中心副主任。2016年3月至今，任白城市洮北区到保镇双龙村第一书记。曾获吉林省商务厅先进党务工作者荣誉。

将真情倾洒在脱贫路上

——记白城市洮北区到保镇双龙村第一书记刘光远

“感谢省里给我们村派来这么好的第一书记，为我们村办了这么多的实事、好事，不仅帮我们改善生活环境，还搞产业发展，带领我们走上了脱贫致富的道路！”

在双龙村，提起第一书记刘光远，村民无不交口称赞。

村里来了个省城干部

2016年3月，刘光远被选派到双龙村任驻村第一书记。听说村里来了个第一书记，村民都议论纷纷：“据说是省里来的干部，肯定吃不了咱农村的苦。”

听到这样的传言，看到老百姓甚至村干部都对自己敬而远之，刘光远没有气馁。他把家安在了村部，每天行走在双龙村的田间地头，穿梭于贫困户家；和村党支部成员一起交流座谈，一起慰问贫困户和老党员，了解民意，沟通民心，增进感情。

村民王国忠、耿玉清等老人身体不好，经常生病，刘光远就用自己的工资买来各种药品，亲自送上门；冯振营老两口儿年纪大了，干不动重体力活，他就和驻村工作队员一起帮着老两口儿种地；王亚芹的老伴去世了，子女们经济条件一般，生活困难，他让老人把黏玉米磨成碴子，发动朋友圈里的朋友们购买，大家你五十、他一百的，几十元的东西竟然卖了几百元，老人乐得合不拢嘴；2016年底，村民刘荣家房子失火，全部家当烧得一干二净，他发动同事和朋友们积极组织捐款，为刘荣家送去了3700多元的慰问金和上百件衣物，并联系相关部门帮助他家盖了新房，刘荣一家深受感动。

慢慢地，村干部、群众接受了他，都把他当成了自己人，老百姓都说：“这个干部没有架子，办实事，挺实在。”

为了加强基层党组织建设，刘光远多方协调，在包保部门的帮助下，在村部建了个党员活动室，配置了新电脑，为开展党员活动和服务群众提供了良好的环境。针对村干部文化底子薄、理论知识欠缺、抓基层党建工作方法单一等问题，他帮助村里制定了《双龙村“两学一做”学习规划》《双龙村党建工作要点》等规章制度，通过规范组织生活，发挥党员先锋模范作用，使村党支部的凝聚力、战斗力不断增强。他还利用业余时间，积极对村干部开展电脑技能培训，增强了他们的工作能力。

为了提高农民的生产技能，刘光远还积极和长春市有关培训机构联系，先后选派多名村民到长春市参加农村电子商务知识培训。这些人回村后纷纷表示，培训使他们开阔了眼界，增长了知识，收获很大，很多村民掌握了网上销售、购物的方法。

产业扶贫成效高

双龙村共有村民541户1403人，其中贫困户占37%，人均占有耕地面积仅0.35公顷，向传统农业要效益，如同缘木求鱼。

针对这一现状，刘光远与当地有关部门仔细研究，确立了以专业合作社为载体，发展棚膜经济和养殖业为主导，以“合作社+”为脱贫模式，实现贫困户全部脱贫为目标的工作思路。他积极与洮北区一家养殖专业合作社协商，以村集体土地入股，建立起总投资超过1600万元的种植和养殖园区。截至目前，双龙村近40户村民在项目区打工，人均收入达到4000元以上。3年来，扶贫项目区共为205户贫困户累计分红28万余元，户均分红1000余元。

为了扩大项目区的产品销路，早日把项目区生产的玉木耳、火龙果等产品推向市场，刘光远积极与吉林省质量技术监督局联系，前后跑了几次，拿到了产品质量检测报告。他还为项目区的木耳蘑菇产品注册了“金瑞嘉”商标，为有机水果蔬菜注册了“双龙小镇”商标，为扩大产品知名度、走向市场，创造了条件。

刘光远在入户走访时发现，许多村民利用自家的庭院种植了不上化肥、农药的大米，品尝过后，他觉得口感不错，就自己购买了一些送给北京、沈阳的战友和同学品尝，还利用周末回家的机会，免费送给小区的邻居。

■ 刘光远帮助贫困户销售香瓜

刘光远人缘好，为人实在，加上大米的品质好，朋友们都踊跃购买。贫困户种植的大米在当地卖3元一斤，他却以每斤5元的价格收购，而买方又都是自己的亲属、同事，他不好意思加价，就原价买原价卖。为了使大米的卖相好，他还自掏腰包从网上购买了包装袋、包装箱。

刘光远的爱人知道后，开玩笑地说："没见过像你这么做买卖的，光赔不赚，老百姓倒是脱贫了，咱们家可要致贫了。"刘光远耐心地说："能帮助老百姓打开销路，把我们村的有机大米带向市场，带动群众致富，付出一些值得！"

2019年，刘光远注册了"瀚海双龙"商标，专营绿色有机大米和小米，双龙村的村民有了属于自己的农产品品牌。在全省"第一书记代言"活动的大力推动下，越来越多的农户加入种植绿色有机大米和小米的行列中，双龙村的品牌大米种植规模扩大了3倍，从原来的仅有6亩地扩大为25亩地，产品的附加值也逐步体现出来，成为当地群众脱贫致富的有效途径。

美丽乡村谱新篇

过去，双龙村是一个典型的穷困小村庄，基础设施严重落后，环境卫生极差，村民出行常常晴天一身土，雨天两脚泥。

刘光远担任第一书记以来，积极为双龙村新农村建设跑前跑后。在他的努力和争取下，双龙村共修建围墙17.2公里，村村通水泥路22.2公里，修建排水沟6.6公里，植树9700多棵，为村民安装大门282个，建设保障房63栋，还在村部所在地安装了60盏太阳能路灯，乡村环境有了翻天覆地的变化。

硬件设施上去了，但村民精神生活还是比较单调，一到农闲时节，村民习惯聚在一起喝酒、打麻将，经常发生各种矛盾纠纷。看到这种情况，刘光远知道，仅仅改变村容村貌还不行，还得在改变村风民风上下功夫。在各级帮扶部门的支持下，近两年，双龙村先后建起了高标准的老年活动室、文体活动室、图书室、卫生室，修建了占地3000多平方米的文化广场，有线电视覆盖率达到百分之百。

刘光远和驻村工作队员一起，积极引导村民建立健康文明的生活方式，开展了"干净庭院家""脱贫致富家""幸福和谐家""贤良孝道家""正风正气家”等系列家庭评选活动，使村民逐步改变了“人穷志短”的心态，孝敬老人、邻里和睦相处、劳动致富成为村里的主流。

在他的推动下，村里组建了秧歌队，经常参加市、县组织的文艺演出；还经常请专家教授为党员和村民办培训，开讲座，使群众的精神风貌不断增强。现在的双龙村，环境优美、人际关系和谐，许多外出打工的村民回来后，都感叹村里的变化太大了。

如今的双龙村一改昔日贫穷落后的样子，村容村貌焕然一新。这些变化正缘于刘光远为民务实的奋斗实践。

（推荐单位：中共白城市委组织部　中共白城市洮北区委组织部）

李鸿君，男，1985年10月出生，汉族，中共党员，本科学历，大安市委组织部党员教育中心主任。2016年4月至今，任大安市联合乡小窝卜村第一书记。曾获大安市劳动模范等荣誉。

脱贫攻坚的“急先锋”

——记大安市联合乡小窝卜村第一书记李鸿君

“李书记来了以后，为村里和老百姓办了很多实事好事，他是好样的！”小窝卜村第一书记李鸿君，把汗水挥洒在这片土地，很好地履行了第一书记职责，获得了村干部和村民的一致好评。

2018年底，小窝卜村47户贫困户117人全部实现脱贫目标。李鸿君用实际行动兑现了对全体村民的庄严承诺，树立了一名驻村干部的良好形象。

当好“领路人”，履职尽责不懈怠

上任伊始，面对新使命、新任务，李鸿君深知，第一书记肩负着组织的信任和重托，群众的期盼就是他努力的方向。他上任的第一件事情，就是进行精细调研，摸准村情，确立扶贫工作思路。

小窝卜村位于联合乡政府西部，距离乡政府7.5公里，距大安市区15公里，下辖两个自然屯。全村总户数246户，总人口648人，其中贫困户47户117人。

通过深入走访47户贫困户，李鸿君发现，小窝卜村脱贫的关键，是培育适合当地的主导产业，解决内生动力不足的问题。结合村情，他提出“强班子、兴产业、引外援”的工作思路，探索一条符合小窝卜村村情的扶贫工作新路子。同时，通过调研摸索，率先制订了扶贫档案模板（包括村级档案和贫困户一户一档），在全乡推广使用。

由于村“两委”班子成员都是2016年换届新当选的，大部分村干部对政策理论知识和业务工作不是很熟。针对这一实际，李鸿君把抓班子、带队伍作为首要任务，带领全村党员干部认真学习贯彻习近平总书记系列讲话精神、党章党规，开展“两学一做”学习教育和主题党日等活动，严格落实“三会一课”制度，切实增强村“两委”班子的政治意识和服务意识。针对村“两委”班子发展思路不清问题，通过召开党员大会、村“两委”会、村民代表大会，广泛征求党员群众对党支部班子、对第一书记工作的意见，知民情、聚民智，提升了村“两委”班子战斗力。小窝卜村的党建经验，成为大安市很多乡镇和扶贫包保部门学习借鉴的典型。

老党员董福林感慨地说：“以前李书记没来时，我们党员自己该干啥都不清楚；他来了，让党员们知道必须干点啥才是正事儿。这个第一书记没白来。”

刚到村里时，小窝卜村村部基础设施十分破旧，还是用老式炉子取暖，开会没有像样的会议室。在他的积极沟通协调下，新建村部280平方米、文化活动广场1000平方米，完成村外部墙体宣传画墙设计120延长米，为各功能室规范门牌，设计规划墙体宣传展板和宣传标语等。

村部基础设施的完善和提升，夯实了党组织阵地，营造了浓厚的党建氛围。老党员张臣评价说：“以前冬天来大队开会办事，屋里冻得根本伸不出手来，烧炉子还四处冒烟；现在可好了，老百姓有事没事都愿意到村部来，在日照间可以看看电视，唠唠嗑。”伴随着党建阵地的升级改造，村部逐渐汇聚了人气，村干部的做事热情也高涨了。

当好“贴心人”，情系群众暖民心

李鸿君坚持把群众的事当成“家事”而非“差事”，舍小家、顾大家，扎根农村，深入群众，扑下身子为群众办实事办好事。

12岁的儿子常说：“我爸爸是家里的挂名户，长年户在人不在，可爸爸是我心中的榜样！以后我也要像爸爸一样做一个热心的人。”

贫困户郭子文患有肺心症，身体不好，还居住在危房里，由于政策改造面积小，始终不愿意重建。李鸿君经常去找郭大爷拉家常、嘘寒问暖，并与郭大爷家建立帮扶对子。每逢下雨天，他都第一时间赶到郭家查看房屋是否漏雨，并动员老两口儿进行危房改造。功夫不负有心人，郭家老两口儿终于答应改造危房。老两口儿搬进新房居住后，眼含热泪说：“还是共产党好哇！鸿君这孩子一次一次跑，不管刮风下雨都惦记着我们，他为我们付出的太多了。”

到2018年底，全村26户危房改造户全部改造完毕。房子更加宽敞明亮了，老百姓的心情也更加舒畅了。

贫困户郭金凤的妻子曹淑荣因糖尿病并发症双目失明，儿子患有红斑狼疮于2017年不治身亡，家中还有一个上小学的女儿。李鸿君帮助协调联系残联，实施了无障碍改造工程，解决了曹淑荣农忙时节无人照料出行难问题。他还积极联系有关部门和爱心人士捐款捐物，累计捐款捐物约5000元。通过民主评议程序为郭金凤争取到扶贫公益性岗位，每月工资300元，年增收3600元。2019年，全村像郭金凤这样有劳动能力的贫困户共争取到扶贫公益性岗位10个。通过开展“微心愿”活动，为全村建档立卡贫困户完成心愿44个，资金总额度为4400元。

像这样的贴心事，李鸿君做了很多，大到危房改造、供水改造、乡村建设、扶贫项目落实，小到贫困群众看病就医、生活琐事等，他都尽心尽力，跑前跑后。村民把他当成自家人，有什么难事都找他，他也把自己定位为群众的“服务员”。

当好“引路人”，扶贫帮困见成效

■ 李鸿君指导贫困户种植葡萄

产业发展一直是制约小窝卜村发展的短板，也是老大难问题。

为了激发贫困群众脱贫的内生动力，李鸿君在产业发展上倾注了大量精力和心血。在2017年调研中发现，由于盐碱土质关系，庭院经济种植户普遍反映种植的板蓝根的田间管理技术不好掌握，长势不好，收益偏低。经多次找专家咨询，反复验证，当地更适合种植辣椒，但销路却是一个难题，如果没有订单，将直接影响贫困群众的种植积极性。经多方打听，联系商谈，他拿到了大安市一家食品公司的辣椒订单。

面对农民思想比较保守的现状，李鸿君认为，村里需要一个致富能人发挥带头作用。经认真考察，他找到返乡创业青年张一驰，经过思想动员，帮助跑手续，成立了驰明家庭农场，签订辣椒单，订购辣椒苗。

2018年，驰明家庭农场带动全村41户贫困户种植辣椒，面积达10947平方米，销售总金额53842元，户均增收300多元。2018年底，村级集体经济收入实现75.3万元，比2017年增长35%；村民人均纯收入由2015年的9978元提高到12280元，增长23%。

刚到小窝卜村时，村里环境卫生脏乱差，柴草垛、粪堆随处可见，村里道路两侧垃圾堆积严重。李鸿君心里清楚，单凭村里自身力量是无法改变现有的村容村貌的，于是就有了引外援的想法。

一方面，通过向农业农村部门积极申报美丽乡村项目工程，为小窝卜村道路两侧铺设彩砖2577平方米，安装条石1680米、绿化树坑理石500个，安装路灯40盏，新修排水沟180延长米。另一方面，通过向林业局申请绿化苗木，栽植塔柏树1200株，丁香灌木树4000株。

为了更好地改变“脏乱差”现状，他联系辽宁省勾臂式垃圾车制造商，帮助村里购进垃圾清运设备，购进勾臂式垃圾车1台、垃圾箱25个、洒水箱1个和铲车1台，同时择优安置2户有操作技能的贫困户负责管理和维护，确保设备专人管护到位、垃圾及时清运到位。

村屯环境卫生搞好了，得到了村民纷纷点赞叫好，也得到了大安市委、市政府的认可，全市村屯环境卫生现场会在小窝卜村召开并进行经验推广。

村民唐芳说：“原来这屯子垃圾堆就在道边，老百姓都是咋方便咋来，随处乱倒，你看现在谁都不好意思乱倒了。”

道路整洁了，环境美了，村里满眼都是绿树和鲜花，老百姓生活环境和思想观念都发生了很大变化。

贫困户于林祥大爷感慨地说：“原来小窝卜村那可是埋汰得要命啊，现在这屯子里整得都赶上城里了。”

（推荐单位：中共白城市委组织部　中共大安市委组织部）

汪海，男，1973年7月出生，汉族，中共党员，大专学历，吉林省大米股份有限公司业务部副经理。2017年3月，任白城市洮北区青山镇黎明村第一书记。曾获感动洮北·发展之星、吉林省投资集团扶贫贡献奖等荣誉。

村民眼里的贴心人

——记白城市洮北区青山镇黎明村第一书记汪海

“汪书记，上次您给我的降压药特别管用。”

“汪书记，我儿子想去市里的保险公司上班，您帮我琢磨琢磨，靠谱不？”

……

黎明村的村民每每见到驻村第一书记汪海，总是毫无保留地把自己的心事向他吐露。在村民眼中，他不仅是干部，更是自己的贴心人。

农村富不富，关键看支部

2017年3月，汪海被选派到黎明村担任第一书记。身为土生土长的白城人，能有机会回到家乡工作、为家乡建设贡献自己的力量，这让他浑身充满了干劲儿。

到村后，他第一时间详细了解了村情村貌，面对全村405户1356人，建档立卡贫困户70户124人的脱贫重担，他常常彻夜难眠。汪海清楚地知道黎明村的贫困户基本是老弱病残，失去劳动能力，每个人想要脱贫都不是一件容易的事。面对错综复杂的村情，之前准备的一些致富资料根本派不上用场，离开单位前的雄心壮志被浇了一瓢凉水。尽管如此，他并没有灰心，而是及时调整方案。

要想打开脱贫攻坚工作局面，必须从根本入手。为此，汪海指导村党组织规范了“三会一课”、主题党日等党内活动，每次开展活动都有针对性地解决一些实际问题。在他的带动下，村“两委”班子成员进一步解放了思想，转变了观念，战斗堡垒作用显著增强。同时，他还引导村干部创新工作思路，大力发展集体经济，不断增加村级集体经济收入和农民群众收入，改善农村人居环境，提升群众幸福指数。

初到黎明村，汪海发现党员活动阵地缺失，经过一番谋划设计，他为村里建起了学习活动场所和阵地。从“志智双扶”的角度出发，组织力量为村民和贫困户传理论、传政策、传法律、传科技、传文化。有时汪海还自己走上讲台，用通俗的解读、务实的讨论，帮助农民理解脱贫攻坚政策和乡村振兴战略，并使之变成谋求发展的实际行动。

兴建产业园，带动农民致富

有了凝聚力，下一步就是开发扶贫产业项目，带领村民走上脱贫致富的道路。

为了找到适合的项目，汪海先后到外地考察扶贫项目，翻阅了大量资料，从大面积蔬菜种植、林果种植到乌龟、野猪、黑山羊等特色养殖，把每个有可能在黎明村发展的产业和项目都进行了调研。他沉下身子，走遍每一个屯组。通过调查研究，对黎明村基本情况、经济发展现状、群众脱贫愿望和扶贫开发规划有了深入认识，适合黎明村发展的扶贫开发新路子，在汪海的脑子里日渐清晰。

要想带领黎明村脱贫致富，自然离不开“娘家”的支持。2017年，吉林省投资集团出资700万元，建设了青山镇现代农业产业园区，使整个黎明村周边的脱贫攻坚工作迅速打开了局面。区、镇党委围绕园区建设，统筹规划基础设施配套，黎明村一跃成为白城地区现代农业产业示范点，2018年末还被评为“全国美丽休闲乡村”。

青山镇现代农业产业园区不仅仅是黎明村脱贫的支撑，更是黎明村走向富裕的象征，园区每年为村集体贡献100万元。村集体获得的收益，除支付土地流转费用外，还为全村所有贫困户兜底分红。2017年末为贫困户分红4.45万元，保障贫困户收入达到脱贫标准。

改善村容村貌，让人从心里往外敞亮

如今走进黎明村，映入眼帘的是宽阔整洁的水泥路、亮丽的文化墙、干净的庭院……然而，曾经的黎明村却道路坑坑洼洼，严重影响村民的生产生活。

刚到村里时，汪海就下定决心，要早日改善村里的基础设施。为此，他积极找上级部门争取到了建设资金。但修路涉及农户的自留地，又成了难题。面对新问题，他二话不说，深入农户家中，一户户拉家常、讲政策，终于做通了村民的思想工作，使得修路得以顺利进行。

如今，崭新的柏油路让黎明村的村容村貌焕然一新。村民无不感叹道：“做梦都没想到，我们这里能修这么好的路，汪书记真给我们做了一件大好事啊！”

截至2018年底，村里共修建水泥公路9.4公里，顺利完成6个社沙石路改造。大力开展美丽乡村建设，新建及粉刷围墙6880延长米，老旧围墙抹灰及粉刷2000余延长米，铺设彩砖甬道5000余平方米，全村栽植美化绿化树740余棵，完成了老广场改造。

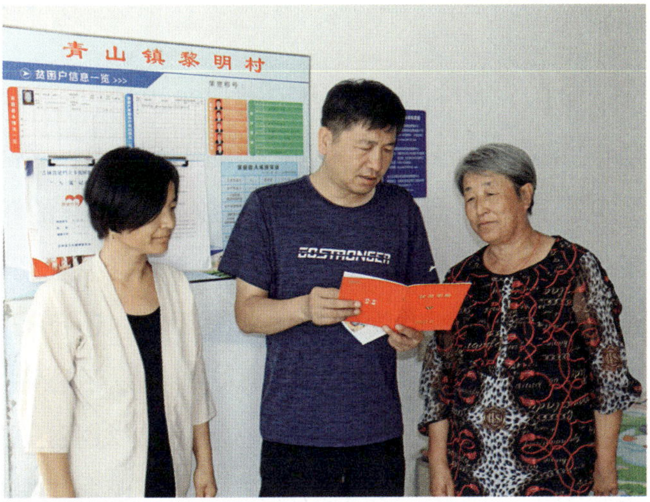

■ 汪海整理贫困户档案

危房改造是扶贫工作的重要指标，在泥草房改造施工过程中，有的贫困户不理解，怕房子拆了盖得慢影响生活，有的担心改后的房子质量差，还有的贫困户对老房子有感情，即使其破败不堪，也不舍得改。汪海多次入户讲解政策，为贫困户协调安排周转住房，最终26户贫困户的危房改造项目如期完成。

为百姓解决疾苦，把群众装在心里

现在，汪海在黎明村可不是孤零零的一个人了，走到哪儿，都有人热情地和他打招呼。村民把他当成亲人，有什么生活上的困难都来找他支着儿。

贫困户刘俊茹老人身有残疾，虽有子女，但都离得太远，只能自己艰苦过活。汪海知道她腿脚不便，每次刘俊茹老人出门，他都开着自己的私家车接送。2017年，汪海还自掏腰包为老人购买风灾保险。发现老人拿一根木棍当拐杖，就马上给她买了助力拐杖。还时常为她购买生活必备品，春节送饺子，端午送粽子……有一次，老人握着汪海的手流着泪说："汪书记啊，你咋这么好呢，我儿子对我都比不上你啊！"汪海笑着回应："我来到咱们村，咱就是一家人，这是我应该做的，再说您儿子自己在外打拼也不容易，以后我就叫您大姨，您就拿我当亲人，您的事儿就是我的事儿，有事儿您就叫我一声！”

贫困户吴宝财，在妻子遭遇车祸后，一直打不起精神来，家里常常入不敷出。对此，汪海耐心地做他的思想工作，帮他出谋划策，可吴宝财都当耳旁风。即便如此，汪海也没有放弃对他家的帮扶。2017年夏天，吴宝财家发生大火，汪海第一时间赶到现场，将被烧伤的吴宝财背上自己的车，及时送到医院抢救，并为他垫付了医药费，还自掏腰包为他购买了一套新衣服。伤愈后的吴宝财多次要请汪海吃顿饭以示感谢，但都被汪海婉拒了。他说：“大哥啊，你好好干，早日脱贫就是对我最好的感谢啦！”汪海以实际行动感动了吴宝财。吴宝财渐渐转变了观念，振作起了精神，并发展起养羊项目，日子过得一天比一天红火。

汪海就这样为村里的大事小情忙碌着，如今的他无论从外表还是内心，都已真真正正地融入了黎明村。汪海驻村已经2年多了，他回家的次数却是少之又少。作为家里的顶梁柱，面对母亲电话里的牵挂、面对妻子独自扛起家庭重任的辛苦、面对孩子渴望父亲陪伴的心情，朴实的汪海总是嘿嘿一笑：“这是我的工作嘛！”派出单位打算将他从第一书记的岗位调回，汪海却放心不下黎明村刚刚脱贫的群众，选择了留下，他要干到脱贫攻坚胜利的最后一刻。

从2017年开始创建“全国美丽休闲乡村”，到今年创建“百村引领”示范乡村，汪海心里有一幅黎明村的唯美蓝图。今年上半年，他积极主动推进乡村环境卫生治理攻坚战役，经过1个多月艰苦奋战，黎明村的村容村貌发生了根本性的改变，白城市环境乡村卫生治理现场会在黎明村召开。

扎根黎明村，情洒扶贫路。汪海将全部精力投入到了扶贫脱贫工作中，用真心、真情、实干的实际行动诠释了党员干部为人民服务的宗旨。

（推荐单位：中共白城市委组织部　中共白城市洮北区委组织部）

苗福君，男，1974年5月出生，汉族，中共党员，本科学历，洮南市政协办公室科员。2016年12月至今，任洮南市呼和车力蒙古族乡宏图村第一书记。曾获洮南市五一劳动奖章、洮南市脱贫攻坚先进个人等荣誉。

以务实精神诠释民生情怀

——记洮南市呼和车力蒙古族乡宏图村第一书记苗福君

2016年12月，宏图村党支部多了一名新成员——驻村第一书记苗福君。

从城市到乡村、从机关到基层，这对苗福君来说，不仅要适应身份、工作、环境的种种转变，还要担负起带领全村贫困群众脱贫致富的政治责任！

从这一天开始，他深深扎根于这个普通的小村庄，怀揣着对贫困群众最质朴的感情，把自己的全部心血倾注到脱贫实践，用真情铺就了一条贫困群众的致富路。

忙里忙外的“民生书记”

宏图村自然条件恶劣，土地沙化碱化严重，农民收入渠道单一，基础设施落后。全村有耕地831公顷，村民基本都是靠天吃饭，2017年农民人均纯收入为6400元，整体偏低。特别是贫困群众，有的是孤寡老人，有的疾病缠身，有的家里还有债务，脱贫攻坚任务十分繁重。能否完成脱贫目标、实现如期脱贫？苗福君感到肩上的担子很重。

刚到村里时，无论村干部还是老百姓，都在心里犯嘀咕：这个浓眉大眼、个头不高的“城里人”，能适应农村生活吗？能带领大家脱贫致富吗？

实际行动是对群众质疑的最好回应。苗福君开始每天从早到晚与老党员谈心，到群众家中唠嗑了解情况，与村书记和村干部商量脱贫思路，商量如何改变村容村貌，商量如何解决群众最关切的问题。

宏图村给苗福君的第一印象，是基础设施严重落后。全村只有一条十多年前修建的水泥路，给老百姓出行带来了极大困扰，几次村民会议老百姓都提到这个问题，苗福君看在眼里，急在心上。他多次向包保宏图村的领导进行汇报，到交通、城建、发改、财政等部门争取项目，争取资金。他想尽自己所能，去改善宏图村的交通状况，让全村老百姓彻底走出泥泞。

2018年6月下旬，道路施工队终于来到村里。历时近3个月时间，先后投资700万元，修建通户水泥路8.5公里、田间水泥路6.7公里，长期困扰群众的行路难、雨季耕作难问题永远成为历史。如今的宏图村不仅道路通畅，围墙和大门也都整修一新，贫困户全都告别了危房。看着村屯环境的变化和宽敞明亮的房屋，老百姓的笑容美了，苗福君的心也敞亮了……

渐渐地，群众把他这个“外来户”当成了“自家人”，大事小情都来找他，难事急事也都请他出主意。

村里无儿无女的老人孙继泽，今年82岁了，后老伴儿刚刚过世，孤苦伶仃，没人照顾。他找到苗福君，表示自己要去敬老院，但因有法定赡养人，敬老院拒绝接收。苗福君把这个事当成自己的事来办，那段时间天天跑民政、跑乡里、跑市里，最后由他和村里共同担保，孙继泽终于住上了敬老院。现在，苗福君每次去敬老院看他，老人都会拉着他的手说这说那，就像自己的亲人一样……

这样的事情还有很多，苗福君帮助贫困户魏延富家铺上崭新的瓷砖，为贫困户修水表、掏钱购买防褥疮治疗仪，给村民争取轮椅和助听器，协调社会力量为村里60岁以上的老人免费提供老花镜……只要群众有需要，苗福君就会有回声，在点点滴滴的民生小事中赢得了群众的口碑。

挺身而出的“救火书记”

苗福君把宏图村当作自己的第二故乡，驻村以来无论工作多忙，每天都至少在村里走上一个来回，看看村里的基础设施哪里需要完善，问问老百姓还缺啥少啥。他已深深地融入了这个小村庄，村里的每片土地都洒下了他的汗水和真情。老百姓碰见难事找他，贫困户有啥急事问他，涉及全村发展的大事大伙儿都相信他……慢慢地，苗福君成了老百姓的主心骨。

2018年，村里的一场大火，让他又赢得了“救火书记”的称号。2018年10月22日傍晚，从市里开会回村的苗福君在临近村口时，看到不远处农田边上升腾起浓烟，他立刻意识到这很危险。因为火点附近还有几十公顷的庄稼没有收割，若火势得不到控制，很快就会蔓延到村里，威胁到村民的生命财产安全。他不假思索，带领同行的2名驻村工作队员和村书记立刻赶到现场，看见一台玉米收割机和周围的干草正在燃烧，火情借着风势迅速蔓延。“小心油箱爆炸，先打外围！”苗福君马上指挥大家行动起来，组织同行人员拿起车里的铁锹取土灭火，阻断了火势继续蔓延。就在这时，随着一声巨响，收割机的橡胶轮胎在熊熊烈火中爆炸了，火星四散，形势危急。幸好村里的群众也陆续赶到了。苗福君临危不乱，指挥大家用土压的方法将玉米收割机上的余火打灭，避免了一场灾难的发生。因为处置及时妥当，没有人员受伤。事后有人问他，在大火面前他是怎么想的，他说：“救火还需要想吗？”

把村里当家，把村民当亲人，苗福君面对火灾是这样做的，面对群众“上火的事”也是如此。

刚到村不久的一个清晨，村里的王学军给他打来电话，说自己承包的10多垧地的种子买了，但化肥钱还没有着落，求借无门。接完电话，苗福君放下手头的活儿，去找村书记商量办法。“王学军勤劳肯干，吃苦耐劳，一般事儿不求人，这么早就打来电话，没钱买化肥、种不上地这事儿一定是急坏了。”在和村书记商量后，俩人达成默契，决定用工资担保，帮助王学军赊购1.75万元化肥。刚来宏图村，苗福君就为群众的事背负了1万多元的债务。这件事很快就在村里传开了，大家都说：“有这样全心全意为我们老百姓办事的第一书记，宏图村有指望了，我们的日子也一定会越来越好。”

苗福君就像老百姓身边的“及时雨”，总是在老百姓最需要的时候出现在他们的身边。为了百姓的利益，他竭尽所能，始终默默奉献着，赢得了群众的信任和认可。

凝心聚力的“先锋书记”

组织上选派苗福君到宏图村任第一书记的时候，领导就对他说，做好扶贫工作，关键是抓实基层党组织建设，带动党员发挥先锋模范作用，把抓党建促脱贫的各项任务落实好。苗福君给自己定下一个目标：宏图村的党建不实起来、强起来，自己就决不离开这里。

■ 苗福君上门征求危房改造工程意见

带动贫困村发展产业，是村党组织的职责与使命。苗福君通过与村“两委”成员共同商议，确定了“依托盛产杂粮杂豆的优势，利用电商平台拓宽销售渠道，带动群众增收致富”的发展思路，并实施了农副产品产销一体化项目。

为此，苗福君多次登门与洮南市“洮宝”大学生创业团队寻求合作，用真诚打动“洮宝”团队，将宏图村确定为企业生产基地，利用他们的电商平台实现村里农副产品“借船出海”。从此，宏图村的绿豆、花生、小米等农副产品走上了“私人订制”之路，村民告别了广种薄收的历史。2018年，全村特色杂粮种植面积达到115公顷，辐射带动257户农户，户均增收1200元左右。

村屯环境卫生整治，是涉及老百姓利益的一件大事，想让宏图村更加美丽干净，让老百姓切身感受到人居环境的变化，首先需要凝聚党员的思想，激发党员在美丽乡村建设中的引领带动作用。通过反复思考，苗福君决定组建宏图村村屯环境卫生整治突击队，自己担任队长，其他党员自愿参加。

2018年4月20日，苗福君带领以村“两委”成员为主的6名突击队员，拿上铁锹、扫帚等工具，第一次开展集中清理村里垃圾活动，整整干了8天，把村头一处遗留20多年的垃圾点一次性清理干净。之后，他又组织召开支委会议，研究了“主题党日+环境卫生整治”活动方案，每月定期开展主题党日活动，动员党员带上工具走出家门，既清理自家门前的垃圾，又清运村里“死角”的垃圾。现在，宏图村村屯环境卫生整治突击队已由最开始的6人增加到52人，每次义务劳动参加人员都有20人左右。

一分耕耘，一分收获。如今的宏图村已如期脱贫，正信心满满地走在乡村振兴的康庄大道上。

（推荐单位：中共白城市委组织部　中共洮南市委组织部）

范国辉，男，1968年7月出生，汉族，中共党员，本科学历，吉林省市场监督管理厅调研员。2016年4月至今，任白城市洮北区洮河镇新发村第一书记。曾获吉林省质监局“最美质监人”等荣誉。

攻坚克难助脱贫

——记白城市洮北区洮河镇新发村第一书记范国辉

“从省里来了个范书记，帮我们修路、栽树、建厕所、砌院墙，还带来不少项目，让我们整村脱了贫，老百姓都过上好日子了。”走进新发村，经常会听到村民这样说。

2016年，范国辉被选派到新发村担任第一书记。从那时起，他就迅速转变角色，以一名村干部、一位普通农民的朴实，开展驻村扶贫工作。3年来，他用实干为新发村开辟了一番新景象。眼下，新发村已经实现整体脱贫，正在巩固脱贫成果。

精准施策，开展行之有效的党建工作

来到扶贫一线驻村工作，这是范国辉的主动选择。他说：“我在农村生、农村长，是农村这块黑土地养育了我，正是农民的纯朴让我知道感恩，我得回报他们，这是我藏在心里几十年的心愿。”

2016年4月，他只身一人带着行李来到新发村，开始他人生中的新征程，这里也成为他的第二个家。

新发村位于洮河镇的东南部，距洮河镇13公里，全村总人口198户663人，其中建档立卡贫困户有49户90人。多年来，全村百姓一直面朝黄土背朝天，靠种几亩口粮田维持生计。基础建设弱、发展思路混乱、挣钱项目少，在村民们看来，脱贫致富是一个根本实现不了的梦。

火车跑得快，全靠车头带。村党支部就是带领村民脱贫致富的车头。

范国辉一到任，就将基层党组织建设作为精准扶贫的关键点。他挨家挨户走访调研，摸清了村“两委”班子和党员队伍的现实情况，发现新发村党支部存在的主要问题是，党组织发挥作用不明显，党员教育欠缺、意识不强，模范作用发挥不好。

这是支部建设的问题，更是制约村里整体建设的主要症结。他紧紧抓住“两学一做”学习教育的契机，指导党支部组织党员开展集中学习，请党校专家给党员上党课，进一步加强党员的知识储备，增强党性修养，强化党员意识。以“三会一课”、主题党日为载体，积极组织党员开展志愿服务活动，发挥党员作用。

凡是村里的集体活动和重大任务，都坚持党员带头，不仅党员得到锻炼，村民的工作积极性也得到很好的调动。他还设计开展了“五个一”活动（开展一次集体学习、一次主题党日、一次入党宣誓、一次知识竞赛、一次支部党课），强化党员的职责意识、使命意识，使党员的荣誉感、责任感和使命感普遍得到了提升。

同时，创建党建微信工作群，发挥“指尖上的党建”作用，强化党章、党规和条例等规章制度的学习，提高党员教育的即时性和高效性。

如今，无论是在村屯环境卫生整治活动中，还是在脱贫攻坚工作中，都能看到党员的身影，党员处处发挥着先锋模范作用。

谋划项目，实现脱贫不返贫

作为第一书记，范国辉知道，要想带领村民脱贫致富，最重要的还是多搞产业项目。

要想实现脱贫致富，必须要在土地上动脑筋、想出路。范国辉坚持每天深入田间搞测试，分析土壤特性和当地气候特性。在回长春办事期间，他都在自己的口袋里装点儿土样，找到在农业部门工作的同学帮助分析检测各种元素含量，还经常打电话向省里专家请教这片土地上适合种植什么农作物。经过几个月的调研，范国辉已经深入了解新发村的土地特点、气候特点，找到了不足和优势。他几乎每天都抽出时间找各地的成功经验和做法，挨家挨户动员村民，做了大量的基础性工作。

为解决耕种成本高、灌溉难的问题，他积极向上级争取柴改电项目，建设高压线路、低压线路及安装变压器等。打抗旱水井86眼，协调建设洮儿河滴水自流灌项目，使新发村500公顷土地直接受益，间接覆盖近500公顷。

为解决产量低、技术差、种植结构单一的问题，他向省里争取玉米试验田，共种植玉米新品种14个及一个对比品种，现已经试验成功并争取到资金支持；实现土地流转450公顷，改变种植结构，种植黏玉米250公顷，水稻约200公顷。

为解决增收方式单一的问题，他协调建设光伏发电项目，已于2017年6月末建设完成同时并网发电。协调省级扶持资金100万元入股一家农业产业园，使新发村的贫困户及村集体真正受益。动员群众发展庭院经济5公顷，探索订单农业的模式，全部种植谷子，达到全村覆盖。协调建立玉木耳农业标准化示范园，使玉木耳走进农博会，远销全国各地，成为带动全村脱贫的主要产业项目。

他所做的一切，老百姓看在眼里，感动在心里。他被当地群众亲切地称为“全村人的好书记、贫困户的好亲戚”。

集中整治，建设干净整洁的美丽村庄

如今走进新发村，首先映入眼帘的是“美丽乡村示范村”几个大字。村里绿树成荫、巷道整洁、路灯成排，笔直的水泥路、亮丽的文化墙、干净的庭院，处处可见。新发村曾经破败不堪的萧条景象，已经一去不复返了。

范国辉上任后，与派出单位及市里、区里进行沟通协调，争取资金支持。经过他的努力，为新发村修建水泥路7公里，实现了水泥路户户通。协调争取资金铺设路旁彩砖2.8万平方米，达到全村硬化无死角。协调建设太阳能路灯100盏，覆盖全村，村民晚上回家再也不用担心因看不清路而发生意外。为每家房前屋后、道路两侧栽植李子树、海棠树等3000余棵，不仅绿化了环境，也使村民吃上了新鲜可口的李子和海棠。协调资金为村民建设院墙1.2万多延长米，院墙整齐划一，美观大方。协调资金为村民修建水冲厕所53座，购置了村文化活动室及文化广场活动设施，村容村貌彻底改观。同时，他还积极与有关部门联系，筹措资金改造自来水管网，让群众吃上放心水。

■ 范国辉走进农博会推介新发村玉木耳

新发村卫生室是旧学校校舍改造的，位置偏远，不利于村民就医。针对这种情况，范国辉积极想办法，争取14.1万元资金用于村卫生室重建。随着新建卫生室的正式投入使用，全体村民迎来了家门口的“健康小屋”，让看病不再成为老大难。同时，争取派出单位捐赠了价值1.6万元的牙科医疗设备，这是目前全区村级卫生室的第一台牙科医疗设备，百姓真正享受到了健康扶贫带来的惠利。

志智双扶，夯实致富根基

范国辉下大力气抓扶志和扶智工作，牢固树立了从根本上解决问题的理念。无论什么时候，他都把帮助贫困群众提高认识、更新观念、自立自强放在第一位，努力从根本上解决贫困问题。

范国辉深入各家各户广泛宣传，尽最大努力让广大群众去了解和体会扶贫政策。对于因懒致贫的贫困户，他教育他们树立起“勤劳光荣、懒惰可耻”的思想观念，用勤劳的双手摘掉贫困帽子，创造幸福生活。对于因病致贫的贫困户，他积极与对口帮扶单位进行沟通，共同帮助贫困户渡过难关，同时帮助他们开展一些力所能及的创收项目。对于想干又缺少思路的一些人，范国辉积极为他们提供学习科学知识的机会，研究种植、养殖方面的项目，提供资金和技术上的支持，并帮助推销产品等。

村民侯淑范是革命军人遗属，年老体弱，生活困难，其丈夫是新中国成立前参军入伍的老战士，无数次立功受奖。范国辉了解情况后，带着她的材料多次到省民政厅、洮北区民政局协调沟通，为其办理了低保，同时经过精准识别吸纳为贫困户，彻底解决了老人的医疗和生活难题。只要是村民合情合理的要求，范国辉一定有求必应，不合理的要求他也会耐心细致地解释清楚，尽量让村民满意。类似的事情举不胜举，他一直被村民亲切地称呼为“老范”。

如今的新发村产业兴旺、乡风文明，老百姓过上了幸福的生活。范国辉用实际行动践行了当好人民公仆、做好第一书记的诺言。

（推荐单位：中共白城市委组织部　中共白城市洮北区委组织部）

撒宗朋，男，1988年1月出生，回族，中共党员，博士研究生学历，吉林省公共资源交易中心信息处主任科员。2018年6月至今，任大安市红岗子乡南岗子村第一书记。

“博士书记”的扶贫情怀

——记大安市红岗子乡南岗子村第一书记撒宗朋

他是名牌大学的高才生，博士毕业后，没有留恋城市的繁华，而是选择在最美的年华里，以无我忘我的情怀与豪情行走在扶贫路上。他就是——撒宗朋。

深深扎根知民心

南岗子村位于红岗子乡东北部，距乡政府所在地3公里，距太山高速口20公里，下辖3个自然屯。村里老龄化、空心化严重，全村有低保家庭30余户，因病致贫占全村贫困人口70%以上。

驻村后，村民们每天都能看到一位戴着眼镜、骑着自行车的年轻人，无论刮风下雨、白天黑夜，走屯串户了解情况。

为了让贫困户尽快认识他，撒宗朋精心设计了一款带有自己姓名和手机号码的陶瓷杯，自掏腰包定做了100个。通过上门送水杯，他记住了去往每户贫困户家的路，贫困户也通过水杯很快认识了这位新来的第一书记。这款水杯被村民形象地称为“贴心杯”。

为了早点实现全村脱贫摘帽，撒宗朋一周七天连轴转为村子寻找致富项目，费尽周折终于找到了适合南岗子村发展的温室大棚和肉牛养殖项目。

因连续熬夜加班，工作强度过大，2018年9月的一天，撒宗朋发现双耳听力急剧下降，到医院检查被诊断为突发性耳聋。医生说，就算马上住院治疗，也有可能永久丧失听力。撒宗朋很担心自己会再也听不到声音，但他更担心的是谈了半年之久的项目不能顺利实施。这两个项目已经到了落地的关键时刻，如果他住院治病，错过最佳时机，这两个项目就可能会“泡汤”，那么贫困户不知要再等多久才能脱贫。于是，他拿着医生开的药回到村里，白天热火朝天地在村里工作，夜晚再赶一个多小时车程，到县城医院打针治疗。

就这样，在他的不懈努力下，温室大棚和肉牛养殖项目成功落地南岗子村。温室大棚项目解决了为全村200余座日光大棚育苗的难题，还为村集体每年增收13.5万元，为每户贫困户带来每年1350元的分红；肉牛养殖项目让村集体每年可以增收8万元。

■ 撒宗朋到贫困户中讲解“两不愁三保障”等扶贫政策

看到产业扶贫带来的巨大经济效益，撒宗朋又鼓励村民积极发展庭院经济，种植黄菇蒗儿。2018年南岗子村黄菇蒗儿产业销售额达到

360万元，贫困户户均增收2500元。2018年底，南岗子村整村脱贫摘帽，贫困发生率由2016年初的30%降到了零。

真抓实干暖民心

刚来村里时，破旧的篱笆院墙简陋不堪，生活垃圾遍地都是，柴草粪堆随意堆放。撒宗朋看在眼里，急在心上。

为了改善村屯环境，撒宗朋请来吉林省设计院的专家对南岗子村基础设施建设进行重新规划。

让撒宗朋没想到的是，这么好的计划实施起来却如此之难。改造过程中，老张家的泥巴墙需要推倒，老李家的猪圈挡路了，老王家的粪堆再也不能摆了……撒宗朋带领村“两委”班子挨家挨户做工作，争取村民对项目施工的理解和支持。

小外皮子屯贫困户老马头儿，村里计划修建的小公园要占他家的柴草垛，他说什么也不挪地。撒宗朋天天晚上就蹲在老爷子家里，带上两袋小菜半只烧鸡，从家长里短聊起，唠到村里建设，渐渐地让老人家转变了看法，不仅同意把柴草垛搬走，而且新公园建成以后还主动当起了公园管理员。

经过一年的不懈努力，脏泥潭变成了新马路，泥巴院垒起了砖瓦墙，翠绿的柳树带来了生机，整齐的路灯点亮了未来，村民们开心地在新建的文化广场上跳起丰收舞，大家都说：“感谢党的好政策。”

撒宗朋总说，扶贫是个良心活儿，只有付出真心，才能换来真心、赢得民心。

民生疾苦一直是撒宗朋最关心的事。南岗子村的马敬玉今年68岁，2017年因胃切除住院20多天，医疗费用开销大，是大安市B类低保重点保障对象。因为没有自己的房子，租房居住，所租房屋存在裂缝、漏雨等问题，居住条件恶劣。撒宗朋了解情况后，几经周折找到一家爱心企业，为马家援建标准砖瓦廉租房一栋。马敬玉总说：“多亏了党的好政策，送来这样的好干部，才让我住上新房子。”

一星级贫困户刘占海的妻子王淑珍患有脑梗死、心脏病、高血压、糖尿病等多种疾病，医药费开销巨大，家庭负担很重。2018年初，撒宗朋召开村民代表大会，将刘占海家调整为三星级贫困户。根据当地的医疗政策，三星级贫困户享受医疗兜底保障，看病不用再花钱了，王淑珍的病得到了有效治疗并逐渐好转。因患心血管疾病，王淑珍一直行动不便，常年卧床，撒宗朋协调吉林省残疾人联合会，为王淑珍申请到一台轮椅。

村里的王洪路是个孤儿，也是唯一一户因学致贫的建档立卡贫困户。2018年高考成绩公布，王洪路以优异的成绩被延边大学录取，可没有收入来源的他犯了愁。撒宗朋得知情况后，通过吉林省红十字会，为王洪路申请到3000元助学金，又带头筹款1000元。当他把钱送到这个孤儿手中时，王洪路热泪盈眶，感激地说：“我一定努力学习，以后也像你们一样为人民服务。”

强化党建聚民心

农民富不富，关键看支部。

撒宗朋深深地认识到，只有形成坚强的战斗堡垒，才能打赢脱贫攻坚这场硬仗。

南岗子村党支部现有农民党员30人，平均年龄50.4岁，55岁以上党员16人，老龄化是南岗子村党支部建设面临的一个突出难题。撒宗朋将发展党员的重点放在了年轻人和致富带头人身上。2018年，发展了3名预备党员，年龄都在35岁以下，还有2名致富带头人光荣地成为共产党员。

为充分发挥南岗子村党支部的战斗堡垒作用和党员先锋模范作用，激发群众脱贫的内生动力，撒宗朋在村里开展了党员干部与贫困户结对帮扶活动。他带头与3户最困难的群众结成对子，并鼓励全村党员积极参与，全覆盖结对帮扶。在村屯卫生整治长期战役中，驻村干部和党员带头干，调动了群众的积极性，实现了从看到干的转变。

春耕时节，为了确保每户贫困户都能享受到庭院经济的红利，他带领驻村工作队员对孤寡老弱群众进行帮种。

2019年5月，南岗子村组织开展了“三帮扶一推动”活动，邀请了18名大安市税务局的党员干部来村劳动，干部群众打成一片，干得热火朝天。

在撒宗朋的带领下，南岗子村富了起来，村里的父老乡亲看到了更加美好的未来。不过，撒宗朋依然奔波在田间地头，问起他有什么愿望时，他说：“希望自己在这片土地上留下的脚印再多一点儿，与百姓的心再近一些，情再深一些。”

（推荐单位：共青团吉林省委员会　中共大安市委组织部）

王平堂，男，1962年3月出生，汉族，中共党员，本科学历，中央政策研究室副巡视员。2017年8月至今，任安图县明月镇龙泉村第一书记。曾获吉林好人、安图县优秀驻村第一书记等荣誉。

脱贫路上真抓实干

——记安图县明月镇龙泉村第一书记王平堂

“北京来的‘厅官’真有两下子，龙泉村在他的帮扶下，已经今非昔比了。”在安图县明月镇龙泉村，提起第一书记王平堂，村民纷纷竖起大拇指称赞，“是他让原来的落后村变成了远近闻名的先进村。”

从“京城”到贫困村，从“厅官”到“村官”，2017年8月，中央政策研究室办公室副巡视员王平堂主动请缨，来到对口帮扶的龙泉村担任驻村第一书记。短短两年时间，村里发生了一系列变化，环境好了，风气正了，村“两委”班子凝聚力、战斗力提升了，产业项目红火了，村民们腰包鼓了、脸上笑容更多了……

改善村容村貌，每天清扫村路，他从未间断

初到龙泉村，村里污水横流、垃圾遍地，村民家院子杂乱无章、室内灶台无处下手，这让王平堂头疼了好一阵。

“生活环境脏乱差，说到底是村民脱贫精气神儿不足。”他很快理清思绪，决定将改善村容村貌作为驻村帮扶的第一个重要任务。

王平堂每天起床后的第一件事，就是从村口开始，将村内道路通通清扫一遍。一天、两天……不但村里的卫生情况没有丝毫改善，“‘京官’只会扫大街”的冷言冷语还在村子里流传开来。王平堂听了，不急也不恼，“你说你的，我扫我的”。3个月过去，他清扫村路的举动从未间断。慢慢地，党员干部、村民都被他的行为所打动，纷纷加入清扫村路的队伍中来。

王平堂感觉时机已到，便组织召开村民代表大会，在全村实行门前“三包”制，每天组织人员检查卫生，定期通报检查情况，向评选出的“干净人家”授予流动红旗和米、面等生活用品作为奖励。

如今，为了不弄脏村里的水泥路，村民们干完农活儿，都将拖拉机停在村口，或将轮胎清洗干净再开回家。村里家家户户窗明几净，村民们已从分工合作、互相监督到自动自觉维护环境卫生，龙泉村彻底变了样。

身教重于言传，他用真诚赢得真情

王平堂驻村之前，龙泉村是一个软弱涣散村。村“两委”班子成员年龄偏大，文化程度低，分工不明确，履职不到位，村民们对此意见很大，每次村里开会都会有村民前来“搅局”，慢慢形成了“开会前临时通知，能来几人算几人”的尴尬局面。

规矩多一点儿，麻烦就会少一点儿。王平堂带头制定了《龙泉村干部管理规定》，严格执行“三会一课”等制度，培养村干部的规矩意识，并依据个人职责，将每名村干部每天、每周、每月、每季度、每半年、每年的工作

一一罗列，张榜公布，互相监督，严抓落实。

王平堂坚持每天写工作笔记，将日常工作情况和想法记录下来，并帮助党员干部养成随时随地“想事、干事”的好习惯。不到两年时间，他已经写满了厚厚4大本笔记，里面记录了对做好村里群众、党建以及建设产业项目等各项工作的“灵感”。村“两委”班子成员也被调动起来，在每周一次的碰头会上，为全村发展贡献了很多“金点子”。

每每遇上百姓干农活，王平堂二话不说，撸起袖子就上去帮忙。村里人家凡是有红白喜事，他肯定到场，而且总是冲在最前面。百姓们经常动情地说：“人家北京来的干部，说话办事一点儿架子也没有，我们还有什么理由不好好配合人家工作？”

王平堂用真诚赢得真情，拉近了与百姓的距离。村干部作风好了，履职能力强了，村民对王平堂和村“两委”班子的满意度和信任度也越来越高。农闲时节，村民纷纷将自家做的水豆腐、地瓜、玉米、饺子等各种农家饭菜送到村部门口，用热情而朴素的方式表达对他们的认可和支持。

到处奔波拉投资，一次次碰壁让他越挫越勇

如何带领乡亲们加快发展、朝哪个方向发展，成为摆在王平堂面前的两大急迫问题。龙泉村生态环境优良，满眼青山绿翠、蓝天碧水，村民们守着“金山银山”却“囊中羞涩”，王平堂反复琢磨，从中梳理出脱贫致富的发展思路。

在一次次走访、一遍遍征求意见的过程中，王平堂了解到，龙泉村以种植粮食为主，几乎家家户户都爱吃煎饼，也擅长自己摊煎饼。这对于老家是山东的王平堂来说，是一个惊喜的发现，何不把这一优势做成产业？

思路决定出路。为了把想法变成现实，王平堂到处奔波拉投资，一次次碰壁让他越挫越勇。他始终坚信：龙泉村有这么好的山、这么好的水，一定会打动大家。他不放弃任何一次机会，先后赴北京、山东、长春等地20余次

与企业单位进行接洽，并邀请商家来到村里实地调研，最终用诚意争取到了多家单位的大力支持，累计筹集资金520余万元，投资建设25座有机韭菜大棚和一座670平方米的煎饼加工厂，日产煎饼750公斤；建成8公顷生态大米农场，年产有机大米4万公斤。

眼看煎饼厂和生态大米农场办起来了，接着又面临谁来管、怎么管，谁来卖、怎么卖的问题。看到村内蓬勃发展的景象，在外经商的本村村民赵春红和大学生郑宝峰主动请缨回乡创业，担起了重任。

“北京现在污染太严重，老百姓不怕东西贵，就怕吃不到好东西。”外地客户的一句话，让王平堂嗅到了商机，他一方面抓原料、抓生产，保证纯天然、高品质，另一方面为产品做代言，寄样品、搞订制，仅仅两个月，煎饼销售额就达62万元。

在省委组织部组织开展全省“第一书记代言”活动后，他又积极扩展电商销售渠道，经过多次洽谈促成了煎饼厂和生态大米农场与安图域外商会、阳光甄选平台签订购销框架协议，形成了线上和线下联动销售机制。全省“第一书记代言”活动开展以来，王平堂代言的煎饼销售额达75万元。

每每村里有上级领导调研、游客来参观，王平堂都让大家亲身体验一下煎饼文化，慢慢地龙泉村煎饼文化远近闻名。中央政策研究室、中交集团、国家开发银行吉林省分行等中省直部门单位先后订购煎饼3000余斤，甚至中南海食堂也订购了龙泉村煎饼。村民都自豪地说：“我们的煎饼都卖进中南海了，这就是我们的金字招牌。”

■ 王平堂书记帮助收木耳

现如今，稻田间，远程检测器将温度、空气质量指数等数据实时传入电脑，农民种田由“靠经验”变为“靠数据”；医务站内，隔着屏幕，村民靠一台电视机，向千里之外的专家问诊，足不出村便能问病买药；车间里，半自动化的鏊子前，农闲的妇女正忙着制作传统煎饼……

短短两年时间，龙泉村民的精神面貌和村容村貌焕然一新，妇女农闲不再家长里短，而是竞相谈创收；脱贫致富不再等靠要，大家争当致富带头人；家家户户的小院和村道收拾得干干净净，处处涌动清爽的文明之风；攀比、哭穷之风成为过去，“幸福都是奋斗出来的，奋斗本身就是一种幸福”的理念，已成为大家的共识。

“我既然来到这里，就一定要为群众多干点儿实实在在的事。”如今，王平堂依然坚守在脱贫攻坚的第一线，以实干奋进的精神，带领龙泉村村民共同奋斗在致富奔小康的路上。

（推荐单位：中共延边州委组织部　中共安图县委组织部）

王利斌，男，1971年10月出生，汉族，中共党员，本科学历，吉林省人民检察院驻长白山检察室主任。2015年12月至今，任龙井市老头沟镇泗水村第一书记。曾获吉林好人、吉林省脱贫攻坚贡献奖等荣誉。

真心赢民心　实干解民忧

——记龙井市老头沟镇泗水村第一书记王利斌

“我家就住在村部对面，每当夜里看到村部的灯亮起来，我就知道又是王书记带着党员干部在开会研究事了。”泗水村村民张淑娥口中念叨的“王书记”，就是驻村第一书记王利斌。

驻村3年多，随着一项项富民工程的实施和一件件棘手问题的解决，王利斌和泗水村的村民们已经融为一体，村民对他的好感和信任与日俱增。

小山村来了“大干部”

2015年12月，已经在龙井市大箕村驻村帮扶1年多的王利斌接到工作调整的通知。本以为能够结束驻村工作，有时间多陪陪妻子和女儿，多照顾一下年迈的父母，却被告知要到泗水村去任第一书记。虽然心中有些失落，王利斌还是毫无怨言地收拾好行囊奔赴泗水村，踏上脱贫攻坚的新征程。

泗水村位于龙井市西北，是一个典型的空心化、老龄化村。全村贫困人口174户302人，村集体没有产业、没有收入、没有积累。基础设施落后，村路坑坑洼洼，一到雨雪天便泥泞不堪、人车难行；30%的村民喝不上自来水；30%的村民仍居住在破旧的泥草房里——这就是王利斌刚到泗水村面临的现实情况。

在泗水村村民眼中，这位来自吉林省人民检察院的副处长，是跟副县长同级的“大干部”。不少村民对王利斌能不能住得下来、能不能干得下去，持怀疑态度。面对村民的质疑，王利斌决心用实际行动改变大家对他的看法。

做好第一书记，首先要得到村干部的支持和配合。然而，王利斌入村的第一天，就在村部看到村主任因不合理开支无法入账，对着村会计发火的一幕。随着走访调查的深入，“书记跟主任不是一条心”“老百姓也不咋服他们（村干部）”的种种说法，让王利斌意识到：现有的泗水村“两委”班子比较涣散、群众威信不高，无法带领村民脱贫致富。这其中最主要的原因就是现有的带头人能力不强。为此，帮助泗水村建立一个能为民办事的好班子，成了他开展驻村工作首先要解决的问题。

在与村民交流中，王利斌了解到，村会计尹秀华为人正派、有担当、有魄力、懂农业，又有群众基础，是村主任的最佳人选。王利斌就主动上门找尹秀华，请她参加村主任竞选，但尹秀华对村里存在如此多的问题颇有顾虑，加上身体不太好，就拒绝了王利斌的提议。

一次不成，王利斌就拿出“三顾茅庐”的精神，四次上门劝说，而且只要碰到尹秀华就反复地做思想工作，他的坚持终于打动了尹秀华。2016年泗水村“两委”班子换届，尹秀华参选并当选为村主任，2017年又被任命为村党支部书记。在尹秀华的主导下，泗水村新的“两委”班子搭建起来，真正心里有群众、能为村民办实事的人成了村干部。

用真心换民心的贴心人

和村民同吃同住同劳动，是王利斌快速赢得干部群众信任的“捷径”。在泗水村，从田间地头到村民家的炕头，总能看见王利斌与农民群众谈心交流的身影。不管路有多难走，天气有多恶劣，他都坚持走遍每个农户，也渐渐走进他们的心中。

道路重建、危房改造这些直接关系“衣食住行”的事，是老百姓最直接的期待和诉求，也是王利斌打开局面的关键。泗水村是典型的东部山村，那条18公里长的村路是泗水村百姓与外面联系的唯一通道，但周边高铁工程施工使得路面损坏严重，极大地影响了村民生产生活，修建这条路刻不容缓。

几经周折，王利斌终于从沈阳铁路局争取到780万元资金用于村路重建。那些日子，为了修出一条能让村民满意的“民心路”，王利斌带领村干部现场监督施工情况。他常常拖着患有糖尿病的身躯在工地上一站就是两三个小时，没等工程结束早已被晒脱了皮。

有一次，工程进行到一座石桥，施工方不想修桥上的路面，准备越过去，正在外地办事的王利斌得知后，立刻打电话派人前去交涉。交涉不成，前去协调的村干部想妥协，王利斌急了，在电话里大喊：“你还是不是咱们村里人？桥必须让他们修好！修不好就不怕老百姓戳咱们脊梁骨吗？”在他的坚持和督促下，泗水村村路质量得到保证，村干部和村民对“爱较真儿”的王书记也增加了信任。

在进行危房改造时，王利斌组织村民成立了工程队，从原料采购到具体施工都由他带着村干部把关，在保证施工质量的同时，也为村集体增加了收

■ 王利斌与村民一起探讨如何靠养牛带动贫困户致富

人。“别人都是花钱盖房子，我们村不仅盖了房子，还挣了钱。”每次提起这件事，王利斌的话中总是带着几分欣慰和得意。

王利斌用他的“较真儿”把“村民利益无小事”一次次落在实处，付出为民的真心，成为百姓信任的贴心人。村民们逐渐接受了这个省城来的“大干部”，远远遇见他时都会喊上一声：“王书记，吃了没？没吃到家里吃！”村民吴金全说：“我就佩服他，他说啥话我都听。”

脱贫致富的领路人

“作为第一书记，组织派我来就是带领大家脱贫致富，就是摘掉泗水村贫穷的帽子！必须设计一套长久有效的方案，不能让泗水村一直穷下去，再苦再难，也要把经济搞上去！”从来到泗水村，王利斌就一直在思考怎样发展经济，当好百姓脱贫致富的领路人。

为精准施策、选准发展路子，王利斌带领村“两委”班子先后赴外地考察学习10余次，邀请专家到村指导16次。在充分调研的基础上，制定了以发展特色农业为重点、多种产业融合共促、绿色可持续的泗水村发展规划。

为了帮助村民增收，他指导泗水村流转120公顷土地，建起合作社，发展特色种植、养殖。村民既能获得土地租金，又能到合作社上班挣工资，年终还参与合作社分红，收入水平明显提高。

为了解决传统大田玉米种植收益少的问题，他引导村民种植青贮玉米和鲜食玉米。青贮玉米不仅能得到国家“粮改饲”补贴，还能为村里500头育肥牛提供上好的饲料，降低养殖成本；鲜食玉米冷冻加工后，冬季销售每棒能卖上一块多钱，获利远远高于传统玉米。

为了实现绿色循环发展，王利斌引进农技人员落户泗水村，利用科学技术把玉米秸秆加工成养牛的饲料，把牛粪和废弃的木耳菌棒加工成有机肥还田。同时，充分利用牛舍屋顶的闲置空间建设光伏电站，既解决了牛舍的生产用电，又将剩余的电卖给国家电网再次增加收入。一个循环下来，泗水村建立起生态、绿色、循环的经济模式，既发展了村级集体经济，也保证了村民脱贫增收。

2017年10月，中央电视台播出了扶贫特别节目《不一样的玉米》，对泗水村产业发展模式进行了专题报道。

“爱管闲事”的王书记

65岁的村民田国文贷款20万元养了30多头牛，年底银行贷款到期，而她养的牛要到第二年才能出栏，这里存在着一个还银行贷款的“时间差”，田国文为此陷入困境。想起邻居常常提到的“爱管闲事”的王书记，她抱着试一试的想法找到王利斌。驻村工作队员认为这是非贫困户家的闲事，但王利斌却放在心上。在详细了解情况后，他用自己的工资做抵押向银行申请贷款，并协调村集体共同借给田国文10万元资金周转，解了她的燃眉之急。

村民成泽金，被收粮人恶意拖欠粮款23万元，妻子一气之下带着两个孩子离开了家，至今失联；村民张大姐卖粮款被骗，近十年讨要无门……在“王书记能给百姓办实事”的印象深入人心之后，村民们把这些情况反映给了王利斌。

王利斌向省检察院领导汇报后，立即与驻村工作队员、有丰富办案经验的检察官温广志着手处理。他们一边带领村民拿起法律武器维护自身合法权益，通过司法程序追讨欠款；一边协调各方，解决长期存在的多方债务，让欠款人有钱还账。截至目前，已解决卖粮债务12件，通过法院执行手段为村民挽回经济损失37万元。

“十载欠款一日还，司法帮扶解民难。”在拿回被拖欠近十年的卖粮款后，村民张大姐用一面锦旗表达她的感激之情。而王利斌却说：“比起锦旗，老百姓的认可和他们口中‘有困难就找王书记’的话更让我高兴。”

3年多来，泗水村发生了巨大变化：完成村路改造、危房改造、自来水改造、美化亮化等基础设施建设8项，构建特色“种植+黄牛养殖+光伏发电”“合作社+农户”的绿色循环经济发展模式。2018年实现村集体收入65万元，村民人均收入达到11210元。

面对成绩，王利斌很淡然，他说：“功劳不是我自己的，靠的是党和政府的支持，也是泗水村全体党员干部和村民们共同努力的结果。我们来驻村帮扶，就是要让老百姓过上好日子，带着他们沿着党指引的方向一起奔向小康。”

（推荐单位：中共延边州委组织部　中共龙井市委组织部）

卢锡顺，男，1979年5月出生，汉族，中共党员，本科学历，安图县人民医院医务科主任。2016年3月至今，任安图县万宝镇东安村第一书记。曾获安图县优秀驻村第一书记、安图县卫生健康扶贫先进个人等荣誉。

一心为民的好书记

——记安图县万宝镇东安村第一书记卢锡顺

“作为一名驻村干部，能为村里百姓做些实实在在的事，是我最大的心愿。同时，作为一名青年干部，更要肩负好新时代党赋予我们的历史使命，争当脱贫攻坚先锋。”

2016年3月，卢锡顺被选派到东安村担任驻村第一书记。走出办公室，前往扶贫一线；脱下白大褂，穿上黄胶鞋，卢锡顺开始了他的“治穷”之路。

聚力产业解难题

万事开头难。

来到东安村的卢锡顺，发现这个只有123户人家、303口人的小村庄，贫困户竟然占了五分之一，老人孩子占村民总数的三分之二。村子地理位置偏远，自然条件恶劣，群众观念落后，人均年收入不足2000元。这些揪心的数字，让卢锡顺夜不能寐，朝思暮想怎么能让乡亲们的钱袋子鼓起来。

“东安村虽然比较偏僻，但周边就是林区，自然资源十分丰富，要想发展产业致富，还得围绕种植、养殖业做文章。”卢锡顺在实地调研基础上，逐步找准了东安村产业发展的突破口——发展木耳产业。

思路有了，目标定了，卢锡顺开始征求村民的意愿，本以为自己冥思苦想的项目会有很多人响应，谁承想一盆冷水浇在了他热情似火的心上。他挨家挨户问了一遍，大家都是一个反应：“种木耳？得投入多少钱啊？赔钱了可咋办？”

没有领头羊，一切都白忙。看到大家伙儿想致富没资金、没勇气，卢锡顺急得团团转，同时他也理解乡亲们，出劳力、种木耳难不倒他们，可启动资金上哪弄去？考虑到这些，卢锡顺拍着胸脯向大家保证，启动资金他来解决！最终有6户村民表示，可以试试。

种植户有了，可问题也跟着来了。答应出去的启动资金怎么解决，卢锡顺其实也没完全想好。

贫困户刘照朋和刘照君兄弟俩想种植10万袋木耳，启动资金没到位，兄弟俩天天发愁，还产生了打退堂鼓的想法。

卢锡顺找到小额贷款中心，希望能为刘家兄弟解决资金问题。小额贷款中心负责人表示，支持项目没问题，必须要有人做担保。听到这话，刘家兄弟又发愁了：“卢书记，咱没有资金，也没有东西做抵押，谁能给咱担保啊！”

卢锡顺一边安慰兄弟俩，一边寻找担保人。一听说为贫困户担保10万元，收不回来就要从工资里扣，朋友的脑袋摇得像拨浪鼓一样。

还有一招啊！卢锡顺想到，可以用自己和爱人的工资为他们担保啊。于是他回到家把想法告诉了妻子。

妻子说："老公，咱俩工资也不高，兄弟姊妹都在外地，咱们爸妈年龄一年比一年大，需要咱俩养老了！如果农民还不上贷款咋办？你去扶贫，我举双手赞成，可你不能把咱这点儿家底都拿出去吧……"

"老婆，村民有致富的心劲儿，我要不去帮一把，自己心里也过意不去。我没把乡亲当外人，再说这担保是我对他哥俩的信任，我信得过他们，他们才信得过咱啊！"妻子拗不过他，最终同意了他的决定。

■ 卢锡顺与村民一起商讨建新村部

随后，10万元无息贷款送到刘家兄弟手上，他们的老父亲激动地握着卢锡顺的手说："共产党好，这个社会好！卢书记你也好啊！谢谢你！我们这一家要是不好好干，就对不起你呀！"

通过一年的木耳种植，刘照朋兄弟俩有了不少收益，心里高兴极了，干劲儿也足了。刘照朋说："卢书记！没有你的帮助，我想都不敢想能这么快就脱贫了啊！"

2017年，全村20万袋木耳净盈利15万余元，带动20多人每人增收3000多元。尝到了甜头的乡亲们，在2018年又多种植了10万多袋木耳。

因人施策共富裕

木耳变成"软黄金"，暖了种植户的心。

但是，种植木耳是个体力活儿，并不适合所有村民。上了年纪的贫困户没有种植木耳的能力，如何脱贫?

一些上了年纪的贫困户一次次地找到卢锡顺说：“卢书记，我们也想致富，但家里不光没有资金，也没有体力啊！”

村民的想法，卢锡顺听在耳里、急在心里。这些老弱病残贫困户，是村里贫困人口的主体。“他们不脱贫，我觉都睡不安稳。”卢锡顺焦急万分。

经过一番调研了解，卢锡顺发现，土鸡养殖是一个非常适合上岁数村民做的项目。于是他带领驻村工作队员逐户走访有意愿养殖的家庭，实地查看养殖条件，协调养殖场地，为村民解决后顾之忧。

但光有养殖场地还不够，这些贫困户最难的还是没有启动资金，最终他决定自己先把鸡苗费垫付出来，待养殖户的土鸡出栏后，再行归还。

这次，他的爱人二话没说就让卢锡顺赶紧给老人们买鸡雏。就这样，他又从家里不多的存款中拿出8000元购买了1000只芦花鸡雏和绿皮蛋鸡雏，28户贫困户喜出望外地把鸡雏领了回去。

贫困户宋敬花身患糖尿病，还做过心脏支架手术，领到鸡雏的她，满怀深情地对卢锡顺说：“莫看你卢书记年纪小，办法点子就是多，这次发展养殖土鸡，我是真的没抱多大希望，家里老伴儿常年生病，没钱买鸡雏啊！但你想方设法为我们增加收入，又让我有了盼头，只要人勤快点，一定能脱贫致富。”

买鸡雏容易养鸡难，土鸡养殖是个技术活儿，防疫灭病稍有不慎就会赔钱。为了提高鸡雏的存活率，卢锡顺与养殖公司对接，邀请专家免费对养殖户进行技术指导和培训，芦花鸡和绿皮蛋鸡的存活率提上来了，一枚枚圆滚滚的鸡蛋也变成了钞票，揣进像宋敬花那样的老人的腰包里。

2019年，卢锡顺又和村民签订意向书：“村民想卖啥，驻村工作队就帮忙卖啥，发展庭院经济。”就这样，动员一批、带动一批，实在没能力的，庭院经济来兜底。这些举措，为东安村村民带来经济效益14.5万元。

排忧解难的好书记

从医院到村庄，短短几公里的路程，对卢锡顺而言却是角色的转换。驻村工作，让他悟出一个道理：无论是治病救人还是扶贫济困，都要心存仁爱之心。卢锡顺表达爱的方式很朴实，就是俯下身为村民排忧解难。

东安村地处偏僻，村民有病难以得到及时有效的救治，因病返贫率也很高。为了解决老百姓因病致贫、因病返贫的问题，他想到了自己的工作单位，积极联系医院，多次入村送医送药下乡。通过给村民进行普查式体检，发现村里患糖尿病、高血压、冠心病的有30多人，卢锡顺又联系医院为这些人治疗并建立慢性病档案。

村民王全明家的一双儿女一直穿着露脚指头的鞋，卢锡顺看在眼里，心里很不是滋味。他来到王全明家中，发现王全明妻子离家出走，生活重担都压到了身有残疾的王全明身上。但是就因家里有几亩地，王全明还不够民政低保的准入条件。看着两个可爱又可怜的孩子，卢锡顺打算帮帮两个孩子。没想到倔强的王全明却一口回绝了，“卢书记，我的孩子我自己能养，等过两年大点儿能干活了，我就让他俩下田种地，苦不着他俩。”听了这番话，卢锡顺的心里更不是滋味，心想贫穷不是孩子的错，为什么不让他们上学？卢锡顺更加坚定了资助孩子的念头：“王大哥，以后每个月我给孩子资助200元生活费，一直到孩子高中毕业。”王全明百般推辞，但卢锡顺还是每月把200元钱的生活费打到了王全明的卡上。

东安村地势低洼，一到雨季有些老房子就会雨水倒灌，十分危险。

2017年夏天，一场瓢泼大雨突然而至。村里王大娘家地势低洼，屋里进了水。卢锡顺一进屋就看见王大娘正急得团团转，嘴里在念叨：“老天爷呀！别下了！要我的老命了！”卢锡顺一边安置好王大娘，一边带领村干部冒雨为王大娘家修筑防水墙。现在王大娘逢人便说：“感谢共产党给东安村派来一名好书记啊！”

好书记，是老百姓对卢锡顺的最大肯定。“我干得越好，老百姓就和共产党的感情越深。”就是这样的一位好书记，用真心、真情、真干带领东安村村民走上致富之路，书写着一名共产党员的人生诗篇。

（推荐单位：共青团吉林省委员会　中共安图县委组织部）

任义，男，1973年9月出生，汉族，中共党员，大专学历，汪清县市场监管综合行政执法大队大队长。2017年7月至今，任汪清县罗子沟镇西碱村第一书记。曾获汪清县脱贫攻坚先进个人、汪清县脱贫攻坚先锋党员等荣誉。

把根深深扎进泥土

——记汪清县罗子沟镇西碱村第一书记任义

在脱贫攻坚的路上，他沉在乡村，干得实；发展产业，抓得准；服务群众，做得真。从公务员变成“经纪人”，从机关干部变成“网络红人”，他将自己变成了地地道道的西碱人。

他就是汪清县西碱村第一书记任义。

建好村党支部这个“家”

2017年，任义被选派到西碱村担任驻村第一书记。满怀激情，充满干劲儿的他，一到村就收到了一份特殊的“见面礼”——村主任张东艳的辞职报告。

“这份辞职报告，我揣在兜里一年多了，实在是太难了，真干不了！”原来，西碱村矛盾纠纷频发，村“两委”班子软弱涣散，难以有效化解矛盾，村民频繁上访，怨气重重。

面对迎面而来的“一盆冷水”，任义没有气馁，他耐心地劝说张东艳：“西碱村发展的责任，就在我们这些村干部身上。咱们再坚持一下，只要大家心往一处想，劲儿往一处使，总能找到办法，改变现在的落后面貌。”

内部不团结的村子难以发展，面对这样的状况，任义做的第一件事就是抓党建。他开始对全村党员进行逐户走访，看望慰问老党员，帮着干农活儿，销售土特产等，逐渐与党员拉近了关系。在大家彼此熟悉的基础上，他因势利导，带头落实“三会一课”制度，把每周三定为党员主题活动日，所有党员统一着装佩戴党徽，亮明身份做表率，党员们通过严肃的批评和自我批评找到自身的差距，把“矛盾”放在面上来谈。经过任义的努力，多年没有组织生活的党支部又活跃起来了，党员们又有了“家”。

■ 任义引导村民发展桑黄等特色产业种植

66岁的老党员孙自生居住在罗子沟镇镇区，每周村里开展党支部活动，他都会骑着自行车赶8公里的山路，按时回村参加。他说：“有了党组织生活，党支部活跃起来了，党员有了家，有了主心骨，更有了凝聚力。”

2018年，西碱村在全镇党建考评中名列第一，在“党群服务我争先”擂台赛中获得全县一等奖，一个坚强有力的党组织在任义的带动下破茧而出。

把脉问诊，找穷根、开良方

“扶贫先扶志，致富先治心。”任义深知，脱贫不仅仅是摆脱物质的贫困，更重要的是摆脱意识和思想的贫困。

驻村后，他广泛走访、积极调研，大力宣传党的扶贫政策，树立乡亲们的脱贫信心；通过组织参观美丽乡村示范村，找差距、补短板，提升村民美丽乡村意识；通过开展爱心孝心评比活动，改变村里陋习恶习；通过开展奖励大学生和研究生活动，增强村民“学习改变命运”的意识；通过开展“微心愿”活动，提升村民互帮互助氛围……通过一次次活动的开展，逐渐形成了“感恩、尊重、美丽、实干”的西碱村训。

与此同时，任义发现村里留守老人较多，但缺少一个互动的平台，村民之间缺少联系和沟通。他挨家挨户地做动员，消除老人们之间的隔阂，着手组建了老年协会。他领着会员们开展文化娱乐活动，定期组织会员参与环境整治等活动，拉近距离，增进感情，化解矛盾。

2018年，西碱村这个出了名的“上访村”全年无上访，村风民风有了很大改观。罗子沟镇党委书记高兴地说：“如今的西碱村连上访电话都没有了，村容村貌也焕然一新，从全镇扶贫工作最后一名，一下成了先进村。”

让产业成为脱贫的“加油站”

西碱村共有建档立卡贫困户62户117人，由于地理位置偏僻，自然资源和人力资源都很匮乏，扶贫产业该怎么搞，始终是任义心中的一个结。

“送钱送物只能帮他们一时，只有发展产业才能从根本上解决问题。”经过走访，任义发现，西碱村的水质环境和自然条件良好，村民在饲养家禽时不添加任何催熟饲料，于是，他决定在这上面“做文章”。

“任义一共给我打了3次电话，说西碱大鹅这个好、那个好。说实话，我也不好驳他的面子，就买了一只，吃完感觉真不错，后来我又买了两只。”说这话的是任义的同学。在任义的积极推广下，他的很多老同学都积极购买，成了回头客。任义不仅打电话卖鹅，还充分利用朋友圈来销售大鹅。“大鹅你家有，但一抖翅膀就能上房的大鹅，你家有吗？我是扶贫驻村第一书记，帮农民卖土鹅、土鸡……”这就是他发在自己朋友圈的一段广告词。

在任义的大力宣传下，西碱大鹅第一批订购就异常火爆。为了提高产品品质，任义还发动西碱村群众设计出精美的大礼盒，真正打响西碱大鹅扶贫品牌。

大鹅品牌打响后，任义又把目光投向了其他项目。在罗子沟镇政府招商引资见面会上，他接触到了“关东粉王”的负责人，“关东粉王”对任义开展的代言很感兴趣。任义提出，自己不收代言费，但“关东粉王”要支持西碱村脱贫致富。双方协定，采取村企联姻的方式，西碱村以扶贫资金入股关东粉王食品有限责任公司，每年按比例获取投资收益，用这笔收益金在村里设置公益岗位，让贫困户从事力所能及的工作。

借助全省“第一书记代言”活动的东风，任义积极通过线上线下销售粉条。如今，“关东粉王”不仅畅销省内，还推广到北京、上海等一线城市，部分产品甚至出口到日本。开展“第一书记代言”活动以来，企业销售额实现400万元，其中，任义个人的代言销售额就高达50万元，带动贫困户人均增收500元。

目前，西碱村的集体收入由2016年初的2.04万元增至11.7万元，西碱村也在2018年实现了整村脱贫出列。

做百姓贴心的“义工”

“把百姓当亲人，多做好事、实事，群众就会支持我。”当组织安排他担任驻村第一书记时，任义满怀激情，奔赴脱贫攻坚一线。驻村后，无论谁家有大事小情，他总是热心地忙前忙后，当起了百姓的“义工”。

为了解决村民销售土特产品缺乏门路的问题，每年秋冬季任义都会帮助村民销售秋菜、家禽等土特产品；为了解决西碱村水患问题，他及时向单位领导汇报，争取资金1.6万元修建了防洪渠；为了帮助村民解决实际困难，他从家里拿出物品和现金用于帮扶，先后投入2.57万元；为了激发村民内生动力，先后协调2.4万元，发展十余户村民种植黑木耳，任义自己包销售，解决村民的销售难问题；为给村级集体经济筹集资金，任义把自己家的房屋拿出来抵押。但他对自己80多岁的父母、生病时的妻子、参加高考的儿子，因无暇照顾只能心生愧疚……

一桩桩一件件舍小家为大家的好事、实事，赢得了村民的信任，西碱这个出了名的“老大难”村，在2018年全镇综合考核中名列第一，被评为先进集体。

如今，西碱村里花红柳绿，生机无限。任义说：“我最喜欢的事情，就是站在村子的高处放眼望一望，宽敞整洁的水泥路、温馨干净的农家院落在青山绿水中显得整洁、宁静而和谐。”

（推荐单位：中共延边州委组织部　中共汪清县委组织部）

伊学义，男，1967年7月出生，满族，中共党员，本科学历，吉林省延边州税务局主任科员。2017年7月至今，任汪清县天桥岭镇天平村第一书记。曾获全国脱贫攻坚贡献奖、全国第五批学雷锋活动示范点和岗位学雷锋标兵、吉林好人、吉林省道德模范标兵等荣誉。

大伙儿脱贫致富是我最大的幸福

——记汪清县天桥岭镇天平村第一书记伊学义

自担任天平村第一书记那天起，伊学义就过上了“脚打后脑勺”的忙碌日子。天平村属于镇中村，村民散居在全镇的各个角落。为了尽快摸清村里贫困群众的家庭情况，他每天早上六点半准时出门，走遍镇里的大街小巷、犄角旮旯。贫困家庭去过多少次、解决了多少事，他已经记不清了；自己吃了多少苦，受了多少累，他全都抛在脑后。

人实心思巧，把工作当事业干

伊学义是个麻利人，到天平村报到当天，就组织召开村干部动员会，统一思想，坚定信心，鼓舞干劲儿。为了做好工作，他还给自己约法三章：一是做事要公平公正，二是不拿群众一针一线，三是不搞小团体。他工作积极主动、认真负责，很快进入了角色，在不知不觉中，他把人心凝聚起来了，把威信树立起来了，把群众团结起来了。

耐心和倾听，是伊学义走访贫困户的诀窍。挨家挨户摸情况的过程，是理顺老百姓心气的过程。“跟村民一唠就半宿，陈芝麻烂谷子的事儿你就听吧，可他的态度那叫一个好，老百姓咋磨叽他都不生气，提出的事儿他头拱地去办。”群众对伊学义打心眼儿里佩服。白天忙完，晚上他还要整理资料，每天十点睡觉都算是早的。目前，他已经写了20多万字的扶贫日记——《老百姓的事就是天大的事》《解决村民五年多的烦心事》《扶贫联络员起了大作用》《不知是天灾还是人祸》《脸红脖子粗的评优会议》《解决邻里纠纷》……翻看伊学义的日记，文字朴实，内容真实，讲述的都是驻村扶贫故事。

发挥专业所长，提高工作效率，是伊学义在扶贫工作中的又一个特点。刚接手贫困户统计工作时，他发现，贫困户的家庭收入虽然不高，但各项收入种类比较多，比较复杂，每户涉及好几张报表，手工填表易出错，也容易导致逻辑混乱。一张报表经常是涂了又改，改了又涂。怎么才能解决这个问题呢？计算机工程师出身的伊学义决心开发一个软件。他每天冥思苦想，反复实验，用一个多月时间终于编写出一套计算机“一键输出”建档立卡电子报表系统。这个系统，只要点击贫困户的姓名，各种报表就能够自动输出，大大提高了工作效率。通过这套系统输出的报表，贫困户的收入数据分毫不差。有的贫困户说：“不算不知道，一算吓一跳，原来政府给我们分了这么多钱！之前发了钱就花了，一年下来也不知道分了多少！”

伊学义还将该套电子报表系统分享给省内其他地区的驻村工作队，不但提高了工作效率，也节约了大量的人力物力和财力。大家都说：“你早点儿来就好了，我们得减少多少工作量呀！”

急难险重冲在前，把使命当生命看

2017年，天桥岭镇发生特大洪水灾害。危难时刻，伊学义与全镇党员干部一起顶风冒雨连夜转移群众，保证了群众的生命安全。第二天天亮了，他才“落汤鸡”似的回去休息，多年的老胃病犯了，疼得直不起腰来，妻子心疼得直掉眼泪……洪灾过后，伊学义又挨家挨户了解受灾情况，当听说有两户普通群众受灾比较严重，家里孩子刚考上大学没有钱上学时，他及时与省里相关部门联系，为两个家庭分别争取到3000元的助学金，解了燃眉之急。

2018年，天桥岭镇发生特大山火。白天，伊学义与村里党员干部一起奋战在扑火现场；夜晚，为了防止山火死灰复燃，他又在漆黑寒冷的旷野里值班站岗到天亮。

每当老百姓遇到困难或者发生矛盾纠纷时，伊学义总是第一时间出现，为群众排忧解难。他为70岁的村民梁书平打赢了拖了长达五年的土地官司，还让这个愁眉不展的家庭住上了新房。2018年冬天，窗外下起鹅毛大雪，寒意袭人，梁书平家却温暖明亮，灯笼花开得正艳。“屋里老暖和了，心情特别好，我还养了13盆花。”梁大娘笑意盈盈地说，“多亏了伊书记，让我们享受到好政策，住进了新房。”她的感激之情溢于言表。

在伊学义的努力下，曾经对生活失去希望、一度想轻生的村民丁玉兰重拾生活信心。丁玉兰家原本生活比较富裕，但却因为给患肝癌的丈夫治病而背上巨额外债。伊学义听说后，多次到其家中做思想工作，并且自己掏钱帮助她，还为她制订了脱贫帮扶计划，这使丁大姐重新鼓起生活的勇气。

贫困户李大哥身患癌症，儿子大学毕业后，受不了家庭变故的打击，得了抑郁症，3年没出家门。伊学义一次次上门做思想工作。慢慢地，李大哥的儿子精神好了起来，3年来第一次走出家门，就是去找伊学义谈心。伊学义把他送到省里参加学习培训，后来又找到了工作，月收入6000元。李大哥逢人便说：“是伊书记救了我这个家。”

为群众谋福利，助百姓奔小康

凡是能为老百姓省钱、让他们少花钱的事情，伊学义都在琢磨。他从自己家拿出3万多元，为村里建了超市，自己进货零加价卖给全村百姓。为了解决老百姓吃药贵、吃药难的问题，伊学义经过与多家药店商谈，建立了定点打折药店，让贫困群众都能吃得起药。为解决偏远山区困难群众看病难问题，他牵头为全镇23个村的群众建立了“扶贫健康微信群”，并请来医生在群中为百姓远程诊断，让百姓实现了小病不出门。他还多次联系州内医院到村中为百姓进行义诊，使生病的百姓及时得到救治。

■ 伊学义为贫困群众发放鸡雏

为让老、病、残等无劳动能力的特殊贫困群众增加收入，伊学义挨家挨户介绍“扶贫鸡”项目，免费为贫困户发鸡雏，他负责按市价卖。鸡雏长成后，伊学义每天凌晨4点起床，冒着零下二三十度的严寒，和贫困户一起扛着编织袋往城里送鸡，使40多户贫困群众年均增收2000多元。村民李兆满养鸡赚了6000多元，他高兴地说：“我这么大岁数，是第一次挣到这一大摞钱。”2018年，“扶贫鸡”项目在全村顺利铺开，村民争着养。为了进一步增加群众的家庭收入，伊学义还在村中实施了庭院种植葡萄计划，让村里30多户家庭都栽上了葡萄树。

驻村以来，伊学义引领带动全村建立了黑木耳菌包厂、黑木耳定植车间、太阳能光伏、榨油厂、农机合作社等扶贫产业项目，提供就业岗位70个，年实现红利52万元。伊学义还积极协调资金500多万元用于亮化、美化环境以及建设村中的道路、农田水利等基础设施。筹措资金14万多元用于村里的文化建设，组建了村民乐队、军鼓队、舞蹈队和老年合唱团，组织村民与包保干部开趣味运动会，进行文艺演出，丰富农民群众的精神生活。

现在的天平村，道路平整了，路灯亮了，农机项目、榨油厂项目、菌包厂项目等更是全线盈利。2017年，全村扶贫项目实现红利33.7万元，148名贫困群众平均每人分红2280元。2018年，天平村贫困家庭人均纯收入8800元，天平村和贫困户全部摆脱了贫困。

夫妻俩共扶贫，美“鸳鸯”传佳话

伊学义起初到天平村任第一书记，妻子姜玉杰并不同意。她认为丈夫身体不好，没必要到农村去遭这个罪。伊学义就多次和妻子交流谈心，想方设法做妻子工作，还把妻子带到村里，一起到贫困户家里走访。善良的妻子看到村里的鳏寡孤独，看到贫困户家中的一贫如洗，心底被深深地触动了。回家后她不仅同意了丈夫去驻村工作，还主动跟伊学义商量，自己也要为扶贫做点儿什么。两个人一合计，干脆把家搬到了村里，妻子主动担负起为驻村工作队做饭的任务，成了伊学义驻村工作的得力助手和坚强的后勤保障，夫妻俩共同战斗在扶贫工作的第一线。

有一次，伊学义获得5000元奖金，妻子说：“你每月工资就好几千，贫困群众一年才能挣几个钱，给最需要的人吧！”最后，这5000元奖金全部花到了贫困户身上。可谁也不知道，夫妻俩平日里生活节俭，一身衣服从头到脚加起来也不超过300元。

夫妻俩的热心、爱心、善心，感动着身边人，也带动了身边人。在外地读研究生的儿子假期回来，没有流连城市里的繁华，也主动到村里义务帮工。家里人为了不影响伊学义扶贫，平时什么事都不告诉他，以免他分心，就连年近80岁的老母亲住院，姐姐和大哥也没有告诉他，直到病情危急，在医院抢救，才打电话通知他。老人醒来后，第一句话就是：“你咋回来了，不是在村里扶贫吗？”听到这句话，伊学义的眼泪唰唰往下掉。为了扶贫工作，伊学义付出了太多，也牺牲了太多，但他却从来没有后悔过："只要老百姓过上好日子，我就知足了。"

伊学义的付出村民看在眼里，疼在心上。70多岁的时景发夫妇，冒着风雪走了三里多冰雪路，只为给他送豆包；村民吴学柱骑着摩托车满街追他，非要送他小河鱼不可；贫困户祝瑞英在春节前就为他准备了一只乌鸡，见伊学义不要，就把这只鸡从春节一直养到了6月……

（推荐单位：中共延边州委组织部　中共汪清县委组织部）

刘志峰，男，1975年3月出生，汉族，中共党员，硕士研究生学历，吉林省人力资源和社会保障厅职业能力建设处处长。2015年12月至今，任汪清县复兴镇金苍村第一书记。曾获吉林省脱贫攻坚贡献奖、汪清县脱贫攻坚模范干部等荣誉。

奏响扶贫“四部曲”

——记汪清县复兴镇金苍村第一书记刘志峰

从被选派到这样一个地域偏远、经济发展落后、交通不便的村子开展帮扶工作开始，刘志峰便深知肩上的担子有多重。

“不要人夸颜色好，只留清气满乾坤。”这是刘志峰写在扶贫日志扉页上的一句话。他暗下决心，一定要干出个样子来，不仅要帮助全体贫困户实现脱贫，而且要带动全村共同致富。

一晃3年多过去了，在刘志峰和村民的共同努力下，金苍村奏响了扶贫“四部曲”，这个昔日贫穷落后的小村庄，真真切切实现了大变样！

第一曲：带动引领，支部强起来

上任伊始，刘志峰就和驻村工作队员冒着零下30多度的严寒，深入每户贫困户家中进行走访调查，了解致贫原因，常常是冻得脸通红，手脚都不听使唤。

“看来这些从城里来的官还真是来实的！”看到刘志峰他们的身影出现在村屯和田间地头，和农民吃住在一起时，村民们不禁议论起来。

真心换来真意。刘志峰以行动赢得了村民们的认可，大家渐渐和他走得近了，有什么大事小情也愿意和他说了。很快，刘志峰找到了金苍村的穷根所在，那就是党支部凝聚力不强，创业项目短缺，致富门路不宽。

找准了穷根，就要对症下药。刘志峰从抓党建入手，配合镇党委选好配强村干部，积极发展年轻党员和后备力量。同时规范组织生活制度，每季度为全村党员讲一次党课，开展丰富多彩的主题党日活动，每个月都设计开展党群活动，充分调动了村里党员的积极性，党员热情高涨，干劲儿十足。一个个党员致富带头人、党员产业指导员不断涌现出来，成为贫困户脱贫的主心骨，党支部的战斗堡垒作用和党员先锋模范作用充分彰显。

“以前开党员大会，通知7点开，8点钟才能到全；现在开党员大会，党员们都提前到，主动帮助村里研究要做的大事。”刘志峰说。2018年，金苍村在全镇党建考评中被评为“五星村”，登上了先进榜。

第二曲：发展产业，群众富起来

盛夏的金苍村，草木葱茏，一派生机。在入村公路旁，一片李子树、蓝靛果树格外引人注目。这是刘志峰在当地建设的“五大扶贫产业基地”之一——金业果园。果园占地40亩，于2016年10月建成，春可赏花，秋可摘果，收获季节李子、蓝靛果缀满枝头。

不仅有果园，五大扶贫产业还包括很多特色项目。比如，2016年11月，年产300万袋的金业木耳菌包厂（金业木耳基地）建成投产，当年就产生收益10万元，全部用于贫困户脱贫。同时还安置了50多名村民就业，促进100多户村民通过栽培木耳实现创业致富。

50多岁的贫困户王伟昌，老伴儿患有癌症，两个人的日子过得紧巴巴。“菌包厂建成生产后，我就在这里打工，每天120元钱，一个月就能挣3000多元，干两三个月我就脱贫了。”王伟昌笑着说。

好事情接踵而来，让贫困户有盼头、心踏实。2017年投资建设的480千瓦光伏发电项目——金业光伏创业基地拔地而起，又给贫困户增添了一笔长期稳定的收入。“要说起这个项目来，多亏有刘书记跑前跑后，多方协调。”村民严军哲感慨地说。刘志峰为了这个项目，反复多次到各级相关部门进行沟通协调，加快推进施工进度，最终如期实现并网发电。

“金苍村四面环山，森林覆盖率90%以上，非常适合养蜂和种植中药材。”专家深入金苍村进行实地考察后得出的结论让刘志峰兴奋不已。有条件就好，说干就干！2018年，金业养蜂创业基地和金业中药材种植基地建成投产。目前，养蜂户已达到119户，养殖蜜蜂近千箱。中药材种植基地总面积达到90亩，种植的返魂草等各类药材长势喜人。

“酒香也怕巷子深。”为了拓展产品销路，带动产业发展，刘志峰积极协调有关部门申请注册了“盘岭金业”商标，覆盖木耳、蜂蜜和蓝靛果等农特产品，印制了包装，成立了电商服务站，并通过开展“第一书记代言”活动等推销农特产品。

“我们正在考虑如何扩大经营，进一步促进村里产业结构调整，带动当地经济发展和全体村民致富奔小康。”刘志峰谈到下一步的发展思路，信心满满。

第三曲：完善设施，村庄美起来

道路坑洼不平，环境脏乱差，是刘志峰初到金苍村时的第一印象，也是村民们普遍关心的热点和难点问题。

为了改变村里落后的面貌，刘志峰积极协调各级相关部门，为金苍村争取到更多的资金和项目支持。3年多来，金苍村实施了大量的基础设施建设项目，村容环境焕然一新。

“以前这河道里全是垃圾，特别脏。现在修了河坝和水泥路，又安了路灯，建了长廊，河道两边越来越漂亮了，村民晚饭后也可以像城里人一样到河边来散步乘凉了。”村主任倪希国指着干净的河坝高兴地说。

在刘志峰的努力下，不仅村屯环境大变了样，而且通过举办家庭擂台赛和评选“美丽农家”等活动，激发了全体村民自觉维护环境卫生的意识，金苍村的美丽乡村建设得以快速推进。

第四曲：智志双扶，民心热起来

自驻村扶贫以来，刘志峰已经在金苍村工作了3年半时间，他早已把金苍村当成了自己的第二故乡，把这里的村民当作了自己的亲人。

贫困户徐桂英双侧股骨头坏死，严重影响了生活和劳动。他积极帮助徐桂英联系吉林省人民医院进行免费治疗，并亲自到长春火车站接她住院，跑前跑后办理相关手续。当得知她和爱人是第一次来长春时，还特意带着他们逛街观赏市容，请他们吃饭。在刘志峰的协调和帮助下，徐桂英顺利完成了手术并回到家，刘志峰又第一时间为她送去了轮椅和拐杖。现在，徐桂英已经能够站起来走路并进行一些简单的劳

■ 刘志峰慰问贫困群众

动。每每说起此事，徐桂英都会泪流满面，不断感谢党的好政策，感谢组织给村里派来了一位好书记。

一桩桩一件件实事好事，村民看在眼里，记在心里。贫困户高兴安记得，刘志峰帮助他到县社保局办理了公益性岗位养老保险；村民高德尚记得，他家失火时，刘志峰及时组织村民帮助他家灭火；残疾户徐宣玲记得，刘志峰自掏腰包1000多元钱为他家安装了新门……全体村民都记得，2016年台风“狮子山”过境和2017年汪清发生特大洪灾期间，刘志峰与镇村干部始终坚持工作在抗洪一线，冒雨实地排查险情，确保台风过境和洪灾期间全村无一人伤亡。

“光让村民们富起来，村子美起来还不够，还要激发贫困户的内生动力，让村民们乐起来。”3年多来，刘志峰始终坚持智力帮扶与健康扶贫并举，扶智与扶志相结合。多次邀请省内知名专家来村进行农业技术培训，提升贫困户脱贫能力。连续三年邀请吉林大学白求恩第一医院等省级医院医疗专家来村开展健康体检和义诊。连续两年请省州文艺团体来村进行文艺汇演。每年组织举办金秋趣味运动会、“三八”国际妇女节、重阳节等文体活动。深入开展“五好文明家庭”“美丽农家”和“十大女杰”评选活动。

刘志峰还特别注意引导有劳动能力的贫困群众通过参加公益岗、护林员和设岗定责获得劳动收入实现脱贫。

贫困户张庆秀由于腿脚不好，以前很少参加活动。现在日子好了，她主动邀请姐妹们到家中唱歌跳舞，歌唱党的好政策，还加入了村里卫生监督员的行列，成为一名设岗定责人员，每天骑着电动车穿大街走小巷监督村里的卫生，工作认真负责，村民们都直竖大拇哥。

如今的金苍村“两委”班子更强，人心更齐了，村里环境越来越美了，致富路子越来越宽了，村民的生活也越来越好了。

看着刘志峰晒得略黑而又充满激情的面庞，听着他为金苍村绘就的发展蓝图和村民们欢快的笑声，伴着袅袅的炊烟和红彤彤的落日晚霞，让人仿佛看到了金苍村的未来，前景一定会越来越美好……

（推荐单位：中共延边州委组织部　中共汪清县委组织部）

姜庆松，男，1977年12月出生，汉族，中共党员，本科学历，中共延边州委组织部党员教育中心副主任。2016年1月至今，任和龙市南坪镇柳洞村第一书记。曾获吉林省抗洪抢险个人二等功、延边州防台抗洪救灾先进个人、延边州优秀第一书记等荣誉。

真情播撒希望的田野

——记和龙市南坪镇柳洞村第一书记姜庆松

2016年1月，姜庆松主动请缨来到柳洞村担任第一书记。3年多时间里，他满腔热血、真拼实干，将真情厚植于这片土地，全力以赴带领村民脱贫致富，让一个兴业富民、美丽如画、生态宜居的新农村展现在人们面前。

关键时刻站得出来，他是村民的主心骨

“任何一名第一书记，面对这种情况都会这么做的。党培养我们这么多

年，关键时刻不上啥时候上！”当人们夸奖姜庆松在那场百年不遇特大洪灾中的表现时，他始终这么说。

2016年8月30日，受台风“狮子山”影响，和龙市普降暴雨，洪水汹涌而至，柳洞村被洪水围困，村民生命财产安全危在旦夕。在生死关头，姜庆松率先投入到抵抗天灾、解救村民中。他带领村干部、党员蹚着没膝的洪水，将居住在洼地的56户96名村民和66名滞留人员转移到安全地带，进行妥善安置。看到被困人员都已安全转移后，他又不顾疲劳和危险，再次组织党员干部、沙场作业人员，对堤防进行加固，确保易地搬迁新村不受洪水侵袭。经过3天奋力抢险，漫堤的洪水被挡住了，群众安全了，新村也保住了。

被洪水暴雨侵袭后，交通、电、饮水、通信全部中断，柳洞村彻底成为“孤岛”。在与外界完全失联的情况下，姜庆松及时组织党员干部30余人，顶着断水、断粮的压力，连续奋战了三天三夜，将与外界连通的“生命通道”打通。

村民刘昌龙此时却突然生病急需治疗。姜庆松第一时间协调公安民警，沿铁路线徒步行走18公里，将患病村民安全送至医院进行救治。刘昌龙的弟弟后来回忆道：“哥哥当时病重，一家人急得团团转，不知如何是好。姜书记冒着大雨带着人赶来了，二话不说背起哥哥就出去了。当时全家人感动得不知道说什么好，感谢党和国家给我们村派来这样一个好书记！”

因为在洪水灾害中身先士卒、临危不乱的表现，姜庆松被授予吉林省抗洪抢险个人二等功和延边州防台抗洪救灾先进个人。面对荣誉，姜庆松表现得谦虚而淡定，但他关键时刻带领村民上下一心、共克难关的担当，早已让第一书记的公仆形象在村民心中牢牢扎根，成为促进全村齐心合力奔小康的动力和源泉。

盖房修路建阵地，他是村里的大管家

现在的柳洞村，村庄干净整洁，村部宽敞明亮，民房错落有致，水泥路四通八达，基础设施健全完善。然而，曾经的柳洞村却是另外一番景象。

当时的村部是一个不足100平方米的危房，年久失修，棚顶下沉，墙体裂纹严重，存在很大的安全隐患。为了改变这一局面，姜庆松“厚着脸皮”去协调争取建设资金，“拉着黑脸”去监督工程质量。经过他的努力，2016年8月集便民服务大厅、文体活动室、多功能室、卫生计生室为一体的360平方米新村部和3000平方米的文化活动广场最终建成。村部和文化活动广场建成后，姜庆松又跑前跑后，积极筹措资金新建了高标准门球场和凉亭，购置了音响、LED显示屏、乒乓球桌等娱乐设备，使村民业余文化生活得以丰富，组织阵地功能作用发挥得到有力保障。

村民们看到新村部建起来，都喜笑颜开，只有姜庆松还眉头紧锁，“只盖村部还不行，我们还得抓紧时间解决老百姓的住房问题。”

刚驻村时，姜庆松就发现村里80%的房屋都建于20世纪80年代，基本属于危房，村民住房安全无保障。姜庆松协调相关部门，为柳洞村争取到第一批易地搬迁资格，还协调争取企业赞助价值80余万元的电视、冰箱、洗衣机、热水器等电器，让柳洞村家家户户全都拎包住进了新房。

村民的住房问题得到保障，姜庆松又把目光放在人居环境改善上。他先后协调户设栅栏、村修新路、道立路灯等项目落地到柳洞村，使柳洞村基础设施建设全面提速。

姜庆松还在村内组织开展“星级超市”活动，通过环境改善、脱贫攻坚、村民自治等十个方面的评比，为村民发放相应奖品，这一做法得到全体村民的认可。

村主任咸春吉说：“原来村民比较散漫，自从‘星级超市’活动开展以来，大家为了‘有面子’，都想多得几颗星，行为举止自然规范了起来。”

服务群众处处显真情，他是农民群众的“自家人”

姜庆松在驻村过程中总结出，农民群众作为脱贫攻坚的主体，仅仅做到给钱给物还远远不够，只有找对路子、解放思想，时时对他们“头脑充电”，才能将党和国家的各项政策转化为农民群众脱贫致富的硬措施、好办法。

为此，他坚持带领村“两委”班子成员深入农户家庭、走到田间地头，宣传脱贫理念，传达党的政策，使正确的扶贫思想牢固树立在村民心中。

村书记金浩感叹道：“我是2016年3月担任村书记，比姜书记晚了2个月，当时我们都是两眼‘一抹黑’，摸不着头脑，村情需要摸、感情需要处、工作需要干。一开始，走家串户不仅村民有抵触情绪，我们村干部也不愿意干，但姜书记有韧劲，带着我们一户户地走、一家家地唠，逐渐成了村里的‘自己人’，赢得了村民的信任和支持。”

姜庆松把村民当成亲人和朋友，时间久了，村民同样视他为亲人、朋友，无论大事小情都找他商量。2016年10月，得知村民吴相虎因车祸重伤无法及时收割玉米，眼看一年的辛苦就要“打水漂儿”，他立即向组织汇报情况，州、市两级组织部门组织50余人帮助秋收，解决了吴相虎的后顾之忧。

为有效解决部分村民思维简单、观念陈旧、存在“等靠要”思想等难题，他主动走访年轻贫困户做思想工作，积极帮助他们谋划产业项目，实现自主脱贫致富，为其他贫困户树立了标杆、打了样儿。在他的引导下，贫困户崔光秀发展了10万袋桑黄种植项目，并辐射带动10户贫困户每年户均增收1000元。如今，桑黄种植已经成为柳洞村的主导产业之一。崔光秀谈到自己的创业经历时不由感叹：“我做梦都没想过自己能发展产业，如果没有姜书记鼓励我、帮助我，我哪能有今天啊！”

■ 姜庆松帮助村民发展柳编项目

抓载体找项目促发展，他是脱贫致富的领路人

姜庆松带领村“两委”班子积极调整产业发展模式，将整村推进资金入股、农民土地经营权抵押贷款资金入股、扶贫贷款入股、光伏发电、育肥牛基地与企业联营等方式作为发展方向，走出一条稳定的致富之路。目前，村民年人均收入1万余元。

村民有钱了，村集体也要摆脱贫困。为提升村级集体经济实力，增强“造血”功能，他抢抓机遇，在争取各方支持下，建立起延边州第一个“五同”（与村民同吃、同住、同劳动、同学习、同扶贫）教育培训基地，并大力推进民宿旅游项目，推动集体经济实现“从无到有，从弱到强”的飞跃。自脱贫攻坚以来，柳洞村级集体经济收入近100万元。

姜庆松深知，加强基层党组织建设、维护边境稳定是头等大事，更是政治责任。他牢记第一书记的职责和使命，积极发挥党建在脱贫攻坚中的引领作用，带头探索党建新载体，创新开展“一亮二领三帮”活动，充分发挥党员先锋模范作用，帮助贫困户脱贫，返乡人员创业，丰富孤寡老人文化生活。同时，他还对“党政军警民企”六位一体合力治边活动进行深化拓展，邀请军警干部和企业负责人到村开展各类党群活动，营造共建支部、共强党性、共筑阵地、共谋发展、共同自治、共守边防的良好氛围，切实筑牢一条稳固的“红色防线”。

时光飞逝，3年的时间一晃而过。如今的柳洞村已成功摘掉贫困村“帽子”，村民的腰包也鼓起来了，但姜庆松却依然忙碌着。

有的干部禁不住问他：“柳洞村都退出贫困村了，你还忙活啥？”姜庆松坚定地答道：“帽子是摘下去了，但我们村的村民生活水平和其他先进地方相比还有差距，我还得加把劲儿，争取让村民们过得更好！”

（推荐单位：中共延边州委组织部　中共和龙市委组织部）

后 记

为大力宣传第一书记的先进事迹，进一步激发驻村干部干事创业热情，动员社会各方力量广泛关注、积极参与、齐心协力打赢脱贫攻坚战，2019年6月，中共吉林省委组织部会同中共吉林省委宣传部、吉林省委网信办、吉林省扶贫开发领导小组办公室、共青团吉林省委员会、吉林省妇女联合会、吉林省地方志编纂委员会、吉林广播电视台、吉林日报社、中国吉林网共10家单位组织开展了“寻找最美第一书记”系列活动。活动按照层层推荐、编辑出书、集中宣传、社会评选、电视颁奖5个阶段进行，最终从50名候选人中评出10名“吉林省最美第一书记”。系列活动开展以来，省级各媒体网站陆续开设专栏，有关中央新闻网站和重点商业网站转发推送相关报道，各网络媒体系列报道点击量超过200万次，在社会上引起强烈反响，凝聚了全面打赢脱贫攻坚战的正能量。

本书收录了50名“最美第一书记”候选人先进事迹。在编辑出版过程中，各级党委组织部门给予大力支持，第一书记派出单位、有关新闻媒体记者做了大量工作，吉林省妇女联合会为部分女性第一书记撰写事迹材料，共青团吉林省委员会为部分青年第一书记撰写事迹材料，吉林日报社赵乃政同志领衔的团队夜以继日完善书稿，在此一并表示感谢！

由于时间仓促，难免有疏漏和不当之处，敬请读者提出宝贵意见。

编 者

2019年9月

图书在版编目（CIP）数据

最闪亮的名片：吉林省优秀第一书记风采录 / 中共吉林省委组织部，吉林省地方志编纂委员会编. -- 长春：吉林出版集团股份有限公司，2019.9

ISBN 978-7-5581-7767-5

Ⅰ. ①最… Ⅱ. ①中… ②吉… Ⅲ. ①中国共产党－基层干部－先进事迹－吉林 Ⅳ. ①D263

中国版本图书馆CIP数据核字(2019)第203115号

最闪亮的名片

——吉林省优秀第一书记风采录

ZUI SHANLIANG DE MINGPIAN
JILIN SHENG YOUXIU DI-YI SHUJI FENGCAI LU

编者 / 中共吉林省委组织部　吉林省地方志编纂委员会

出版人 / 张四季

项目统筹 / 杨学忠

责任编辑 / 孙　昶　郝秋月

责任校对 / 于媛媛　刘虹伯　刘　洋

装帧设计 / 于　青

出版发行 / 吉林出版集团股份有限公司

印刷 / 吉广控股有限公司

开本 / 787mm × 1092 mm　1/16　**印张** / 17.25

字数 / 260千字

版次 / 2019年9月第1版　**印次** / 2019年9月第1次印刷

书号 / ISBN 978-7-5581-7767-5

定价 / 50.00元